«Hombres, no dejen que ella sepa que están leyendo este libro. Solo léanlo, hagan lo que dice y miren cómo cambia su actitud. Es práctico, fácil de leer y sumamente útil. Lo recomiendo ampliamente».

—Dr. Gary Chapman
Autor de *Los cinco lenguajes del amor*

«Una vez hablé en un evento al que solo asistieron siete personas. ¿Por qué? ¡Porque Doug Fields estaba en la sala contigua arrasando por completo! Yo deseaba estar en ese cuarto escuchando junto con todos los demás. En un mundo que a menudo recompensa vidas grises y calladas, es grandioso saber que Doug está llevando una vida audaz y un matrimonio valiente, y nos está llamando a todos a hacer lo mismo».

—Jon Acuff
Autor de *Start* y *Stuff Christians Like*, libros de mejor venta calificados por la lista del *New York Times*

«Existen pocos libros sobre matrimonio escritos para hombres. Doug Fields da un jonrón con grandiosas palabras de sabiduría escritas en una manera disfrutable. Doug comprende los deleites y las frustraciones por las que están pasando los hombres, y además es divertido de leer».

—Dr. Kevin Leman
Autor de *Música entre las sábanas* y *Ten un nuevo esposo para el viernes*, libros de mayor venta en la lista del *New York Times*

«Todos los esposos necesitan leer este libro. ¡De verdad! Revolucionará su matrimonio. No solamente eso, sino que le encantará el estilo de Doug. Es real, es divertido, es sensible, es firme y es tremendamente práctico. Entonces, ¿qué está esperando? Si usted es hombre y está casado, conviértase en el héroe de su esposa comenzando ahora, al leer este libro».

—Dres. Les y Leslie Parrott
Autores de *Asegure el éxito de su matrimonio antes de casarse*

«Yo entreno todos los días para ser un campeón de lucha, pero también necesito capacitación y consejos acerca de cómo ser un mejor esposo. Doug Fields nos los proporcionó, y estoy planeando ponerlos en práctica para convertirme en el héroe de mi esposa».

—Mark Muñoz
Máximo contendiente de peso medio de la UFC

«Doug Fields es uno de los mejores comunicadores de Estados Unidos. Este libro me ayudó a mí y les ayudará a todos los hombres que conozco a ser mejores esposos. Él es práctico, gracioso, desafiante y, además, vive lo que escribe. Espero que no solamente lo lean los hombres, sino que cada grupo de hombres de Estados Unidos lo analice. Es perfecto para estudio colectivo».

—Dr. Jim Burns
Presidente de HomeWord y autor de *Padres confiados* y *Creating an Intimate Marriage*

«Hombres, ustedes serán considerados como Míster Maravilla si toman en serio las palabras de Doug Fields. Doug sabe lo suyo. Este libro les llamará la atención, ustedes aprenderán bastante y no se les dificultará averiguar cómo hacerlo. Además, él es gracioso y transparente en cuanto a sus propios errores maritales. Usted terminará profundamente animado cuando se dé cuenta de que ser un héroe se trata menos acerca de escalar rascacielos y más acerca de sacudir su capa y volar de nuevo».

—SHAUNTI Y JEFF FELDHAHN
AUTORES DE MAYOR VENTA DE *SOLO PARA HOMBRES: UNA GUÍA
SENCILLA PARA ENTRAR EN EL MUNDO INTERIOR DE LAS MUJERES*

«Este libro me encantó. Ofrece una charla cómica, centrada y directa para los hombres que desean ser amantes extraordinarios de su esposa. Si su perfil de personalidad es del estilo ESPN, está dispuesto a defender a la mujer que ama y se preocupa por su vida sexual, este libro es para usted. Acomódese en el sillón reclinable de su cueva masculina y comience a leer».

—RON L. DEAL
CONFERENCISTA, TERAPEUTA Y AUTOR DE MAYOR VENTA DE *THE SMART
STEPFAMILY*

«Este libro es uranio poderoso para los hombres casados. Mujeres: ¡colóquenlo en el corazón de un hombre y tengan cuidado! Yo vi cómo llegan a su objetivo y cómo cambian a los matrimonios la risa, el aprendizaje y los famosos misiles de la verdad dirigidos por láser que Doug lanza. Los resultados me cambiaron. En el mundo masculino *7 maneras de ser su héroe* es el mejor material de entrenamiento para hombres. Usted simplemente puede dejar de adivinar y comenzar a obtener resultados rápido. Su imagen de *antes* y *después* será asombrosa».

—KENNY LUCK
EXPERTO EN HOMBRES, AUTOR DE *SLEEPING GIANT*; PRESIDENTE Y
FUNDADOR DE EVERY MAN MINISTRIES

«Doug es una de las voces más brillantes y relevantes de nuestro día, así como de las futuras generaciones. Su asombrosa habilidad para comunicar la verdad está presente en su más reciente obra acerca del matrimonio. *7 maneras de ser su héroe* es uno de los pocos libros sobre matrimonio que puede marcar una diferencia en el *suyo*».

—Steve Arterburn

Autor, conferencista, consejero, anfitrión del programa radial, *New Life Live!*, y fundador de New Life Ministries y Women of Faith©

«*7 maneras de ser su héroe* es un recurso que necesitábamos para ayudar a los hombres a comprender lo que se espera de ellos, por lo que ya no hay excusa para que un hombre diga: "¡No sé qué hacer!". ¡Cada matrimonio necesita un esposo que haya leído e implementado lo que este libro contiene!».

—Dr. David Stoop

Psicólogo y coautor de *Just Us: Finding Intimacy with God and Each Other*

«La mayoría de los hombres nos identificamos en cuanto a desear llevar a cabo algo heroico. Más que nada, asumimos que esto sucederá en el mercado o *ahí, afuera*. Pero, ¿qué mejor o fructífero lugar para ser heroico que en nuestro propio matrimonio? Doug Fields nos acompaña con una credibilidad personal y profesional, ofreciendo consejos útiles, profundamente simples y atinados, en *7 maneras de ser su héroe*. Léalo... ¡si se atreve!».

—Alan Fadling

Autor de *An Unhurried Life* y director ejecutivo de The Leadership Institute

«Aunque no se sienta con la capacidad de ser un héroe, usted necesita leer este libro. Le dará esperanza e ideas útiles acerca de cómo ser un mejor esposo. Doug Fields tiene pasión por ayudar a los hombres a ganar en su matrimonio. Su estilo lo llevará a dar pasos audaces al hacer aquello que usted puede realizar mejor que ningún otro hombre: ser la clase de esposo que su esposa necesita. Si ha batallado por encontrar un modelo a quien pueda seguir como esposo, aquí hay una guía práctica que lo capacitará».

—Reggie Joiner
Director general y fundador de Orange

«En términos de aspecto, textura, lenguaje y aproximación, la mayoría de los libros sobre matrimonio son dirigidos a mujeres. ¡Este no! Aborda el corazón, la mente y las experiencias de los hombres sin excusas. Este libro cambiará el juego de muchos matrimonios. ¡Ya está marcando una diferencia en el mío!».

—Ted Lowe
Fundador de MarriedPeople

«Doug Fields nos invita a experimentar lo supremo en nuestro matrimonio y reemplaza el mito de que el matrimonio sea una ecuación 50/50, con un intercambio 100/100. Él les recuerda a sus lectores masculinos que el amor nunca se rinde y que amen a su esposa como Cristo amó a la iglesia. La autenticidad del propio matrimonio del autor se refleja en las páginas de este libro».

—John Wallace, razón social
Presidente de Azusa Pacific University

«Lo primero que pensé luego de leer el libro *7 maneras de ser su héroe, el que ella ha estado esperando,* de Doug Fields, fue: "Cielos, ¡fue muy bueno!". Está lleno de buenas ideas con sentido común que se presentan en la manera que un hombre promedio no ha visto antes, pero que se alegrará de que finalmente lo haya visto. ¿Desea un mejor matrimonio? ¡Lea este libro ya!».

—RICK JOHNSON
AUTOR DE MAYOR VENTA DE *BECOMING YOUR SPOUSE'S BETTER HALF* Y *HOW TO TALK SO YOUR HUSBAND WILL LISTEN AND LISTEN SO YOUR HUSBAND WILL TALK*

7

MANERAS DE SER SU HÉROE

EL QUE ELLA HA ESTADO ESPERANDO

DOUG FIELDS

GRUPO NELSON
Una división de Thomas Nelson Publishers
Desde 1798

NASHVILLE   MÉXICO DF.   RÍO DE JANEIRO

Editora en Jefe: *Graciela Lelli*
Traducción: *Danaé Sánchez*
Adaptación del diseño al español: *Grupo Nivel Uno, Inc.*

ISBN: 978-0-71800-107-0

Impreso en Estados Unidos de América

14 15 16 17 18 RRD 9 8 7 6 5 4 3 2 1

Cathy Fields:

¡Tú haces que desear ser un gran esposo sea fácil!

Desearía poder captar todo lo que eres y todo lo que haces, y ponerlo en palabras, esos principios podrían cambiar muchos matrimonios en todo el mundo.

¡Eres el ser humano más grandioso que conozco, y pensar en pasar otros treinta años juntos me provoca un gran gozo!

Gracias por ser la inspiración para las palabras de este libro.

Contenido

RECONOCIMIENTOS

Casi todo lo que he hecho en mi vida con valor útil, se ha asido de la ayuda de los demás. Escribir este libro no ha sido la excepción. Durante dieciocho meses me esforcé con este contenido —primero, hablando al respecto; luego, escribiendo, modificándolo, conversando, probando y escribiendo más—; demasiadas personas contribuyeron en papeles beneficiosos y esta es la oportunidad para expresar mi agradecimiento. Primero que nada a mi mentor, amigo, héroe, colaborador y mi más grande animador, Jim Burns. Mucho de lo que soy ahora se debe a este asombroso hombre a quien amo profundamente. También estoy endeudado con Jim Liebelt y Greg Johnson (mi grandioso agente literario), quien leyó y releyó cada palabra, y acudía a mi rescate cuando decía: «Necesito una mejor manera de decir esto...». Sus dones aparecen a lo largo de este libro.

Tiendo a esconderme cuando escribo, pero parece que a mis amigos no les gusta eso en cuanto a mi proceso de escritura, por lo que se involucran con su amistad, mostrándola en maneras únicas y particulares. Me siento bendecido por tener tantos amigos, personas que dieron todo durante este proceso de escritura: Seth Bartlette, Sandy Boyd, Fadi Cheikha, David

Dendy, Josh Griffin, Dan Hamer, Charlie Koeller, Jeff Maguire, Matt McGrill, Jay Miller, Chris Reed, Duffy Robbins, Steve Rutenbar, Tim Timmons (ambos, padre e hijo), Greg Vujnov y Doug Webster. ¡El papel que juegan en mi vida no puede expresarse en palabras!

Estoy igualmente agradecido a Pete y Sandy Jones por arriesgarse a abrir un gimnasio, CrossFit, el cual para mí se ha convertido en un lugar de escape para refrescarme físicamente, de manera que también sea fuerte en otras áreas de mi vida; estoy profundamente agradecido por ustedes.

Casi todos los días me despierto pensando en los miembros de DYM (downloadyouthministry.com), la mayoría de los cuales no conozco personalmente, pero sé lo que hacen cada semana; por lo que me inspira su compromiso de ayudar a los jóvenes a convertirse en héroes de su fe. Me encanta pensar en diversas maneras de servirles y hacer que su trabajo sea más fácil.

Como parte de mi empleo remunerado, las personas con las que trabajo en The HomeWord Center for Youth & Family, de la Universidad Azusa Pacific, son suficientemente audaces para creer que podemos cambiar al mundo del matrimonio, a la familia, la paternidad y al liderazgo. Tras bambalinas se encuentran personas como Andrew Accardy, el doctor Dave Bixby, Randy Bramel, Becca Bruns, Dean Bruns, Rod Emery, Bob Howard, Shawn King, David Lane, Tom Mitchell, el doctor David Peck, Debbie Pflieger, Tom Purcell, Krista Salazar, Ken Verheyen, el doctor Jon Wallace y Cindy Ward, ¡que se encuentran alentando este sueño!

A menudo, durante el proceso de escribir, me encontré capturando historias de gente a la que tuve el privilegio de servir durante treinta años en las iglesias Mariners y Saddleback, cuyas relaciones continúan inspirándome y alentándome. Lo que comenzó este proyecto fue el liderazgo de Kenny Luck y de Rick Warren, que me invitaron a enseñar este material en sus grupos de varones; los amo y los aprecio a ambos.

Por último, todo en mi vida gira en torno a mi familia: me considero sumamente bendecido porque Dios nos recompensara con agregar dos hijos más para que Cathy y yo los amáramos como nuestros: Delila Baltierra y Kevin —y Lindsey— Cram (y el bebé Cohen), gracias por expandir y enriquecer nuestra vida. Mientras escribía este libro, pensaba profundamente en mis propios hijos: Torie, Cody y Cassie, tres de los adultos jóvenes más asombrosos que el mundo ha visto. Que las palabras de este libro les reflejen cuánto amo a su madre y cómo deseo que su futuro matrimonio desborde salud. Los amo profundamente y me honra ser su padre.

COMIENCE AQUÍ

Este libro está dirigido a los hombres. Me imagino que algunas mujeres lo leerán a hurtadillas (y definitivamente sacarán algo de él). Me disculpo por ello de antemano. No estoy muy seguro de por qué me estoy disculpando, pero al ser esposo durante treinta años, he vivido lo suficiente para saber que a veces, el mejor procedimiento de un hombre es disculparse con las mujeres simple y rápidamente. Considérelo hecho. Una vez más, lo siento. Lo siento mucho.

Debido a que el blanco principal de este libro son los hombres (lo siento, mujeres curiosas), estoy escribiendo en la manera que parece que *la mayoría de los hombres* hablan y aprenden. Es probable que algunas mujeres no comprendan mi humor ni la elección de mis palabras, y simplemente lo descarten por ser tosco. No estoy escribiendo para ser tosco; solo estoy utilizando términos y frases que son *masculinismos*, en un intento por alcanzar a los hombres y conectarme con ellos. Y si usted es un hombre que no está de acuerdo con la manera en que muestro cómo piensan los varones, también me disculpo con usted. Pero debe saber que paso *mucho* tiempo hablando en grupos de hombres, paso tiempo con hombres y sé que la mayoría de ellos *lo captará* y se reirá, lo cual hace que mis increíbles pensamientos transformadores y verdades inspiradoras sean un poco más fáciles de digerir. (Hipérbole incluida, cortesía de mi editor.)

Muchos autores no se saldrían con la suya con tantos *masculinismos*. Deseo agradecerle a W Publishing Group, mi casa editorial, por tener la valentía de permitirme escribirles a los hombres en la forma en que hablan y piensan. Aunque no me dejan ser tan arbitrario como desearía, creo que aún hablo en la manera que place a los hombres. (Para su información: si usted es del tipo ultraconservador, puede que este no sea un libro para usted.)

7 maneras de ser su héroe: el que ella ha estado esperando, no es mi título original. Yo deseaba llamarlo *Cómo no apestar como esposo.* Pero luego supe que los hombres no creerían que fuera creíble, ya que sabemos que todos tenemos diferentes grados de «pestilencia». Luego pensé en utilizar el título *Cómo tener todo el sexo que desee,* el cual es atractivo, en mi opinión. Pero la realidad es que la mayoría de los hombres no compra libros. Francamente, ni siquiera los lee; nosotros leemos revistas. De hecho, ni siquiera leemos revistas; las hojeamos, mirando las imágenes. Podemos leer un artículo en Internet, si hay potencial para que algo explote o si aprendemos algún truco de sexo. Las mujeres leen libros. Las mujeres compran libros. De manera que decidí que si hay esperanza de que su esposa le compre este libro y que lo coloque junto al retrete para que usted lo tome, el título *Cómo tener todo el sexo que desee,* probablemente no funcionaría con un público femenino que compra libros (aunque le apuesto a que si aplicara todo lo que hablo en este libro, usted tendría mucho más sexo; pero eso no es científicamente comprobable).

7 maneras de ser su héroe es realmente de lo que se trata este libro. Es un título idóneo también, porque la mayoría de los esposos desea ser heroico en *algo*. Los deportes preparatorianos o universitarios se han ido hace tiempo. Ya no estamos haciendo jonrones en las ligas mayores como soñamos. No hemos anotado una canasta ganadora de tres puntos desde la escuela elemental (ni siquiera en la imaginación). Y lo más heroico que la mayoría de nosotros hizo en fútbol fue ya sea entrar a prueba en el equipo o limitar nuestros golpes a tres.

El matrimonio es trabajo. Pero al final de nuestra vida estaremos alegres de saber que fuimos héroes ocasionales de nuestras esposas y que hicimos nuestro mejor intento. Y ese es el elemento clave de un héroe. Él intenta. Más al respecto luego. De vuelta a apestar como hombre. Tengo un amigo pastor a quien se le acercó un hombre de cuarenta años, pidiéndole que lo bautizara. Mi amigo le preguntó: «¿Por qué deseas que te bautice?». El hombre declaró con orgullo: «¡Simplemente porque ya no deseo apestar!». Ese es el clamor de muchos hombres. Sabemos que apestamos y no deseamos apestar más. Eso sucede especialmente con respecto al matrimonio (y a la paternidad; ese será un libro para otra ocasión).

Para la mayoría de los hombres, muchos de los dominios de la vida están marchando bien... con excepción de su matrimonio. Dicen: «Mi empleo marcha bien. Mi salud es adecuada. Mi equipo de fútbol ideal quedó en segundo lugar la temporada pasada. Los niños no han muerto bajo mi cuidado (todavía). Pero la verdad... *no* soy muy buen esposo».

Sí, se necesitan dos para hacer un gran matrimonio, eso no se niega. Para que un matrimonio de verdad saque chispas, tanto el esposo como la esposa deben estar *completamente comprometidos.* Pero solo hay una persona en el planeta a quien realmente puede cambiar: usted. Y abordar el centro de este asunto es el fin de este libro. Ayudar a los hombres a apestar menos como esposos es una de mis pasiones. Me emociona mucho que usted digiera este libro, porque creo que de verdad puede hacer lo que estoy sugiriendo. He hablado bastante y escrito muchos libros, y nunca me han acusado de profundizar demasiado. No. Soy un hombre simple que necesita ideas fáciles que pueda llevar a cabo para avanzar. Si usted está pensando: *Yo también,* ¡entonces este libro es para usted!

Y aquí tengo un poco de matemáticas para los ingenieros que estén leyendo este libro: menos apeste = más héroe.

Usted *puede* convertirse en un mejor esposo y yo, de verdad, deseo ayudarle.

—Doug Fields
www.dougfields.com

INTRODUCCIÓN

Cualquier hombre puede enamorarse —yo lo hice—; y puesto que está leyendo este libro, es probable que usted también lo haya hecho. Piénselo: todo lo que se necesita en realidad para enamorarse es sentir un latido. Y solamente se necesita la mitad de un latido para caer en la lujuria… pero eso ya usted lo sabía. Permanecer enamorado es otro asunto; requiere de un plan y algunas habilidades que se aprenden.

Con un plan y algunas habilidades, usted no tiene por qué conformarse con «sobrevivir»; su matrimonio puede *progresar*. El objetivo de su matrimonio no era simplemente sobrevivir, ¿cierto? Ustedes no se casaron pensando que su relación no llegaría a progresar. Yo he oficiado un montón de bodas, y ningún hombre me ha apartado y me ha dicho: «Espero soportar esto algunos años de manera que pueda quedarme con el sofá de piel y la pensión alimenticia mínima». ¡De ninguna manera! Cuando se casaron, su amor era muy fuerte, su pasión intensa, sus sueños grandes. Luego, en algún lugar del camino… algo sucedió.

Contrario a la sabiduría de los encabezados de la revista *Men's Health*, el amor no es algo que simplemente nos sucede. Es probable que se sienta de ese modo, pero no puede estar más lejos de la verdad. Hay un enemigo del matrimonio que desea que creamos que el amor solo se trata de esa sensación brusca de adrenalina. De esa manera, cuando la sensación se desvanece (a menudo luego de aproximadamente dieciocho meses) o pensamos que la hemos perdido por completo, nos volvemos tierra fértil para las semillas antiheroicas de nuestra destrucción —como fantasear con otras mujeres, racionalizar las decisiones nimias (las cuales con frecuencia se tornan en grandes y pésimos errores)—, cuyo resultado final es la destrucción de nuestro matrimonio.

Lo esencial es: si ya ha tenido una de esas relaciones destructivas que se deshicieron, le tengo buenas noticias. Eso quedó en el pasado. El pasado terminó. Con esperanza, usted ya le ha pedido perdón a Dios, por lo tanto está perdonado. Y si está perdonado, eso en realidad desapareció hace tiempo. Está tan lejos como el oriente del occidente. Lo que usted tiene es el hoy. Este momento. El siguiente gran paso que debe dar es olvidar el pasado y no preocuparse por el futuro (y definitivamente no preocuparse por cómo afectará el pasado su futuro). Usted tiene el presente para comenzar de nuevo y comenzar otra vez. Así que hágalo.

Para los hombres, ese asunto del matrimonio es mucho más difícil de lo que pensamos cuando éramos novios y cuando nos comprometimos, ¿cierto? ¡Si lo hubiéramos sabido!

La relación de noviazgo era explosiva. Misteriosa. Emocionante. Todo era nuevo. La manera en que ella caminaba era linda. Su risa era contagiosa. Usted podía mirarla durante horas y solo escuchar su voz.

Luego se casaron... y lo «fascinante» finalmente se volvió «irritante». La manera en que camina sigue siendo linda, pero ahora con un poco más de ropa. Su risa ya no es lo contagioso, sino su tos, por lo que usted mantiene su distancia, aventándole pañuelos cuando le solicita alguno, y mantiene un galón de bactericida en su riñonera. Ha escuchado su voz tanto que se ha hecho una caverna solo para no oírla.

Aunque desde luego, muchos matrimonios no han llegado a ese punto, un gran porcentaje lo ha hecho. Lo que solía ser deliciosamente refrescante ahora es dolorosamente familiar. Ahora ella es tan, eh, bueno, ordinaria. Lo nuevo se ha desgastado. El *¡Caramba!*, se ha vuelto un *¡Ay, no!* Lo que una vez chisporroteaba ahora apenas enciende. ¿Qué sucedió?

De acuerdo a una reciente investigación científica que nos ayuda a comprender mejor los años de cortejo y de noviazgo, esto es lo que sucedió: aparentemente hay una emoción y un disparo de placer en su cerebro que produce una droga llamada *dopamina*. Es como dulce para su mente. Es un tanto confuso para que los profanos comprendamos pero, básicamente, cuando ustedes eran novios, su cerebro comenzó a crear y arrojar montones de dopamina, ¡y *se sentía genial* cada vez que usted estaba con ella! Algunos dirían que se estaba desarrollando una adicción al amor. De manera que, técnicamente, cuando usted decía: «Te amo», en realidad estaba drogado. Así que ahora, ¡usted es un *yonqui* casado!

Pero la dopamina no tiene que ver con el amor. El verdadero amor puede producir dopamina, lo cual le hace sentirse bien, pero no es amor. El amor es una decisión y usted necesita un plan, necesita utilizar sus habilidades para mantener su matrimonio lleno de decisiones amorosas.

Percibo que diferentes clases de hombres casados leerán este libro. Obviamente no conozco qué tipo de matrimonio tenga usted, pero es probable que encaje en una de las siguientes categorías:

1. **Un matrimonio fuerte.** Aunque el matrimonio no es perfecto, el suyo marcha bien, por lo que está buscando maneras de mejorarlo. Por eso se dio la oportunidad de leer este libro y averiguar cómo ser más efectivo. ¡Bien! Su esposa se lo compró y usted le agradeció de verdad diciéndole que ansiaba leerlo. ¡Bien hecho!

2. **Un matrimonio promedio.** Su matrimonio se encuentra bien, pero usted sabe que puede ser mejor (porque lo ha sido), y desea convertirlo en un matrimonio fuerte. Me encanta ese deseo de cambiar.

3. **Un matrimonio en aprietos.** Su matrimonio puede estar bien en cierta forma pero, en otras áreas, usted sabe que algo no anda bien. Existen pequeñas piedras de ira y resentimiento ardientes, las cuales van en picada, volviéndose más grandes y mordaces cada día. Ella también lo sabe. Es probable que por eso le comprara el libro. Me imagino que usted no le agradeció ese «regalo».

4. **Un matrimonio que se deshace.** Su matrimonio apesta. Tanto usted como su esposa tuvieron suficiente. Se siente como si el único camino hacia la paz y la tranquilidad fuera separarse. Usted está en problemas. Pero posiblemente tenga suficiente esperanza de que algo pueda cambiar. Bueno... no está bien que apeste, pero sí que tenga un poco de esperanza. Aférrese a ella mientras continúa avanzando en este libro.

Cualquiera que sea la clase de matrimonio en que se encuentre hoy, creo que usted puede mejorarlo. En los siguientes capítulos le contaré siete acciones bastante prácticas de las que les hablo a los hombres todo el tiempo, ya sea en el escenario frente a miles de personas o cara a cara mientras paseo en bicicleta montañera con un amigo. He visto lo que sucede cuando los hombres dejan de culpar a su esposa por todo y ponen en práctica estas siete acciones. ¡Funcionan! Usted hace algunos cambios y su matrimonio le seguirá. Comenzaremos con las siete acciones en el capítulo 3, pero no caiga en la tentación de saltarse los primeros dos capítulos e irse directo a la «reparación». Si lo hace, se perderá lo que en realidad está roto en su matrimonio, así como un gran material acerca del sexo y de por qué parece que los hombres no obtienen lo suficiente. En serio. No evada el capítulo 1 ni el 2, o será como intentar colocar una curita sobre una hemorragia. No sea esa clase de hombre. Tómese su tiempo, hay mucho en juego.

Ya que hablamos de tiempo, mejorar sus habilidades de esposo le tomará alguno. Pero si convierte estas siete acciones en hábitos, su esposa pensará que usted fue abducido por los extraterrestres y su cuerpo fue reemplazado por una versión de hombre artificial, o pensará que hay algo raro en usted y que es posible que tenga una aventura. Algunas esposas me han preguntado: «¿Qué hizo con mi esposo?». Espero que su esposa pregunte: «¿Qué se te metió? ¿Quién eres? ¿Por qué estás tan diferente? ¿Quién se robó al niñito que era mi esposo y lo reemplazó por un hombre? Este tipo es el héroe con quien me casé». Si esto le sucede, sea hombre y dígale la verdad. No tiene que decirle que usted solía apestar (ella lo sabe), pero dígale que ahora está intentando apestar menos (por cierto, eso es muy sensual para las mujeres... *intentar*). Me encantaría ser una mosca en la pared para escuchar esa conversación.

1

DEJE DE PERSEGUIR AL VIENTO Y PERSIGA A SU ESPOSA

Cuando estaba pequeño, como la mayoría de los chicos, deseaba ser un superhéroe. Específicamente deseaba ser Batman. Porque tenía artefactos geniales y era un gran peleador. Una vez, preadolescente lleno de hormonas, comencé a desear ser el hombre invisible... por razones obvias.

Cuando crecí y dejé mi fase de superhéroe, mi sueño era convertirme en un atleta profesional. Semana tras semana devoraba la revista *Sports Illustrated* esperando ver aquello en que deseaba que se convirtiera mi vida. Me inspiraban los hombres que vencían obstáculos, que anotaban lanzamientos de tres puntos en la canasta, haciendo jonrones para enloquecer a la multitud; y me veía con una grandeza similar algún día.

Cuando llegué a la adolescencia, mi sueño atlético comenzó a desvanecerse. Descubrí que para convertirme en atleta profesional necesitaba, de hecho, ser *bueno* en algo. Aunque hubiera sido bendecido con una capacidad atlética por encima del promedio, escuché que en los deportes había algo llamado *práctica*.

Solo pensar en tener que practicar me incomodaba y desencadenaba un amor por los panecillos; por lo que me convertí en un consumidor compulsivo. No necesito decir que dejé escapar el sueño de ser el atleta del año de *Sports Illustrated*.

Pero el sueño de grandeza nunca se marchó. Yo continuaba deseándolo, aunque no estaba seguro de qué camino hacia la grandeza deseaba perseguir. Cuando me casé, pensé que podría perseguir la grandeza en la habitación, pero luego de más de treinta años de matrimonio, mi esposa, Cathy, todavía no me ha dado un trofeo. Aunque no me he dado por vencido.

Los hombres poseen por naturaleza un deseo de grandeza. Me imagino que cuando usted era chico, nunca dijo: «Voy a luchar por la mediocridad con la esperanza de nunca llevar a cabo nada». No obstante, a lo largo del camino, sus sueños de grandeza se cruzaron con la intersección de la realidad, por lo que la vida lo golpeó de costado. No es que se haya rendido buscando la grandeza; es solo que la *vida* se interpuso: las responsabilidades, el dolor, la desilusión, las carreras, las relaciones que requerían trabajo —o que no funcionaron—, expectativas irrazonables o no satisfechas, el matrimonio, los niños, lo que usted quiera.

Esta es la triste verdad: cuando nuestros sueños se mueren, simplemente nos conformamos con sueños menores. De hecho, muchos nos conformamos con la basura que la cultura nos ha vendido acerca de lo que se supone que debe gustarles a los hombres: se supone que debemos perseguir *cosas*, y nosotros picamos el anzuelo completo.

Para los hombres resulta que el objeto de la persecución no es lo importante. De hecho es secundario. Podemos perseguir carreras prestigiadas, pilas de dinero, posiciones de estima, elogios de las oficinas corporativas, poder para controlar a los demás, mujeres que conquistar… lo que sea. Lo importante es el *acto de perseguir.* Pero todo hombre que alguna vez ha perseguido algo sabe que si atrapamos lo que estemos persiguiendo, la casería nunca se termina. *¡Siempre* hay algo más que perseguir!

La verdad más triste es que para los hombres nunca es suficiente perseguir algo. Deseamos que la gente (especialmente otros hombres) sepa que hemos atrapado, capturado y ganado algo a lo largo del camino. Es por ello que les encantan los trofeos. Es interesante que la frase comúnmente escuchada sea: «Esa es *su* esposa trofeo». Nunca escuchamos: «Ese es *su* esposo trofeo». ¿Por qué? Todos saben que las mujeres no inventaron los trofeos. Fueron los hombres. Las mujeres inventaron otras cosas —los libros de recortes, los recipientes plásticos Tupperware y las candidiasis—, no los trofeos.

Estamos rodeados de ese estereotipo de hombre culturalmente correcto. Que le encanta perseguir, que trabaja duro, que es fuerte, que tiene orgullo, que conquista, avanza, se sale con la suya, que hace lo que desea y, que cuando bebe cerveza, bebe de la marca Dos Equis.

Nuestra cultura esboza la imagen masculina de un hombre que es conducido por pensamientos como: *Debo cerrar otro trato. Tengo que firmar otro contrato. Debo comprar más propiedades. Tengo que refinanciar otro préstamo. Tengo que hacer otra oferta. Debo sacarle ventaja a él. Tengo que obtener ese ascenso. Deseo lo que él tiene. Debo decir sí a más cosas. Tengo que decirle sí a la caza.*

Parece que el impulso del hombre por cazar viene desde hace miles de años. El libro Eclesiastés, del Antiguo Testamento, fue escrito por uno de los hombres más exitosos y prósperos que ha vivido, el más sabio de todos, el rey Salomón. Alguien que parecía que lo tenía todo. En su reinado de cuarenta años sobre Israel, encabezó masivos proyectos de construcción, entre ellos el primer templo de Jerusalén. Acumuló miles de caballos y de carros. Recaudó una gran riqueza y muchos tesoros. Le gustaban tanto las mujeres que tuvo setecientas esposas y trescientas concubinas.

¿En serio? ¿Necesitó mil mujeres diferentes? Yo detestaría ver las facturas de su tarjeta de crédito después de la celebración de Janucá.

Salomón fue un maestro de la caza. No obstante, al reflexionar acerca de todo lo que había llevado a cabo, escribió: «Pero al observar todo lo que había logrado con tanto esfuerzo, vi que nada tenía sentido, era como perseguir el viento» (Eclesiastés 2.11).

Lamentablemente, nos creímos el mito cultural de la virilidad. Somos adictos a la cacería. Estamos ocupados y nuestras ocupaciones validan nuestra sensación de importancia. Sin embargo, tal como Salomón antes de nosotros, estamos persiguiendo al viento. Estamos demasiado ocupados para darnos cuenta de que la persecución está matando nuestra alma, hiriendo a nuestra esposa y destruyendo nuestro matrimonio.

Algunos de los que están leyendo estas páginas están manteniendo una aventura. Es probable que no sea con una mujer, sino con la caza. Su empleo es el objeto de su afecto. Su teléfono es su amante, su computadora es su querida. El viento está obteniendo sus mejores esfuerzos. Cuando su esposa cuidadosamente eleva una bandera de precaución en cuanto a su ajetreo y su falta de rendimiento en la vida, usted se pone a la defensiva y la culpa con una frase inteligente como: «Tengo que hacer todo esto para que puedas vivir como deseas».

¿De verdad? Su esposa posiblemente aprecie el estilo de vida que su caza puede proporcionarle. Pero ella preferiría perderla en un respiro para tener más de usted. Ella no desea sus *obsequios*; desea su *presencia*.

Cuando hablo a grupos de mujeres, escucho fuerte y claro que nuestra persecución no es la de ellas:

- «Yo preferiría que él ganara menos dinero y estuviera más aquí».
- «Él está tan metido en el trabajo que no se involucra en el hogar».
- «Yo solía pensar que él hacía eso por la familia, pero al final, era más por su orgullo».

Hombres, ustedes están inclinados a proveer las necesidades de su familia. Esa es la verdad, la fibra dada por Dios y el eslabón sagrado de la caza. Pero muchos de nosotros hemos logrado enterrar la verdad bajo las capas del egoísmo y la autosatisfacción, al extremo que la perdemos. El objeto de la caza se ha convertido en la caza misma.

No estoy sugiriendo que no deba trabajar duro, lo que digo es que si está definiendo su valor en base a la caza —conforme a su ambición, su empleo y su éxito—, entonces simplemente está persiguiendo al viento, lo que finalmente no tiene relevancia.

El afán se ha convertido en el nuevo símbolo de estatus. Nosotros lo vemos como una insignia de honor. Todos los días se dan conversaciones como esta:

—Oye, ¿cómo estás? ¿Estás ocupado?

—¡Ah, estoy atareado! ¿Y tú?

—Sí, ¡más de lo que aguanto!

—Yo también. No puedo creer la temporada en que estamos ahora en el trabajo.

—Lo sé. ¿Quién necesita dormir?

—¡Qué bueno escuchar que estás bien!

—Sí, igualmente. ¡Felicitaciones!

¡Lo siento, pero ese tipo de interacción raya en lo demencial! Ahora, no deseo dar la impresión de que nunca estoy ocupado. De hecho, luchar con el ajetreo es un desafío constante para mí. Pero ya no me impresiona mi afán ni el de los demás.

Lo que he aprendido (en mi propia vida y al observar a los demás) es que el ajetreo es normalmente una señal de quebrantamiento.

Por lo tanto, cuando un hombre me cuenta lo ajetreado que está, normalmente es una señal de que hay algo roto en el interior (ya sea racional, emocional y espiritualmente, o una combinación de las tres cosas). Este es el asunto: hay un precio que pagar por el ajetreo y, con frecuencia, es muy costoso.

El afán que experimenta en búsqueda de la caza es el archienemigo del héroe de una mujer. La caza le quita profundidad a sus relaciones, en particular a su relación con el ser humano más importante de su vida: su esposa. Cuando es adicto a la persecución, usted no tiene tiempo para construir ni para mantener la profundidad en su matrimonio. Pierde el enfoque de lo que importa en realidad y la gente a quien ama se vuelve demasiado familiar. Como escribiera Max Lucado, uno de mis autores favoritos:

Es un experto en robar la chispa reemplazándola por la opacidad. [...] Y su estrategia es engañosa [...]

Tampoco le robará su hogar; hará algo mucho peor. Se lo pintará con una capa descolorida de rutina.

Él reemplazará la ropa elegante por batas de entrecasa, las noches en el centro de la ciudad por tardes en el sillón, y el romance por la rutina. Él esparcirá el polvo del ayer sobre las fotografías de su boda hasta que se conviertan en el recuerdo de otra pareja en otra época [...]

Por ende los libros quedarán sin leérselos, los partidos quedarán sin jugarse, los corazones quedarán sin alimentarse, y las oportunidades pasarán sin aprovecharse. Todo porque el veneno de lo acostumbrado ha embotado sus sentidos a la magia del momento presente.[1]

La caza le hace comprometerse de más y conectarse menos. Algo tiene que cambiar o su matrimonio sufrirá las consecuencias.

Hace algunos años oficié un servicio conmemorativo de un hombre muy rico que apenas llegaba a los cincuenta y tantos años, quien murió por el veneno del ajetreo. Fue un funeral triste. Todos los que hablaron del hombre contaron sobre su ética laboral, sus logros profesionales (sus trofeos) y su fortuna. Claramente, había sido exitoso en los negocios. Poseía múltiples casas y tenía muchas cosas que la gente consideraría el fruto de su trabajo. Lo que yo encontré tremendamente triste fue que era un terrible esposo y padre. Rara vez estaba en casa para disfrutar lo más valioso de sus posesiones: su familia.

Años después, dirigí la boda de la esposa de ese hombre, cuando ella se volvió a casar. Adivine. Su nuevo esposo ahora está disfrutando el fruto del trabajo de aquel hombre, lo cual probablemente lo llevó a su mortal ataque cardiaco. Me gustaría preguntarle al fallecido: «¿Cómo te fue persiguiendo al viento?».

Este es el epílogo de esa triste historia: el hombre en realidad no deseaba juguetes. Él deseaba la caza. Falleció persiguiendo al viento. La esposa no deseaba todos esos juguetes. Ella deseaba a su esposo. Ambos perdieron.

Cuando somos adictos a la caza, no le dejamos nada a nuestra esposa más que posesiones y remordimientos. Lo diré una vez más, esperando que se les prenda el foco a esas cabezas de mármol: su esposa no desea los regalos que compra su cacería o el estatus que produce su ajetreo. Ella desea una relación vital e íntima con usted, y eso requiere de su presencia en la vida de ella. Requiere que usted tome una decisión proactiva de invertir su tiempo y su energía en su (única) vida juntos.

Y aquí hay una pizca de verdad bíblica para que abra los ojos: solamente hay una cosa en esta tierra que la Biblia menciona con quien usted se hará uno. No es su empleo, no son sus hijos, su ministerio, sus pasatiempos, su juego de golf ni su equipo de fútbol ideal. Es su esposa. Y si está persiguiendo algo más a expensas de la unidad con su esposa, usted está persiguiendo al viento.

El héroe no se crea cuando el hombre persigue al viento. El héroe se crea cuando el hombre reconoce que ha estado persiguiendo las cosas equivocadas y se da cuenta de que su esposa debería ser el objeto de su persecución.

Esposos, ¿recuerdan los primeros días de romance con su esposa? ¿Recuerdan cuando la perseguían *a ella*, coqueteaban *con ella*, intentaban obtener la atención *de ella*, captar los

pensamientos *de ella*, el afecto *de ella*? Regrese a esos días.
¡Comience a perseguir a su esposa otra vez! Su relación con ella
es mucho más significativa que todo el dinero que ganará, mucho
más importante para su felicidad que cualquier logro laboral que
jamás alcanzará.

¡Sea su héroe! Persígala. No deje de perseguirla. Nunca.
Esta es una caza digna de adicción. Es una caza que le retribui-
rá en un matrimonio sano, vibrante y creciente.

En muchas maneras, este libro es un manual para «Perseguir a su esposa». Luego del siguiente capítulo (que se trata de
sexo), establezco principios comprobados para mantener su
matrimonio constantemente apasionante. Sí, eso significa encontrar secretos para más y mejor sexo. Sin el pegamento de
la intimidad física y emocional regular (sí, dije «intimidad
emocional», y pronto descubrirá por qué), ningún matrimonio florece. Por supuesto, la oración, la lectura bíblica y servir
juntos son cosas fantásticas y necesarias, pero si no están
combinadas con el pegamento de la intimidad, ustedes pueden terminar como una pareja *intacta*, no como una pareja
íntima.

Yo sé que usted... usted no desea conformarse con ser
intacto.

Estos siete secretos, que comienzan en el capítulo 3 —para
convertirse en uno con su esposa, para no apestar como esposo, para ser su héroe en todas las maneras imaginables— son
casi todo lo que sé acerca de no conformarse con ser intacto (y
no dejar que *ella* se conforme). Aunque pocos hombres puedan
cumplirlos todos a la vez, en el curso de varios meses o años,
con la ayuda de Dios, una esposa dispuesta y un poco de esfuerzo (de acuerdo, será uno de los desafíos más difíciles que haya

llevado a cabo en su vida), usted tendrá aquello para lo que se apuntó cuando dijo: «Acepto».

¿Por qué? Porque finalmente estará haciendo lo que dijo que haría cuando prometió: «Acepto», aunque no tenía idea de que tendría que hacer lo que se necesitaba hacer. ¿Lo captó?

No importa. Vayamos al capítulo 2 y hablemos de sexo.

2

CÓMO LE FUE EN SU RELACIÓN ÍNTIMA

Es un título llamativo, ¿no lo cree? Perdone la pregunta, pero esperaba captar su atención. Funcionó, ¿cierto? Usted es todo un *hombre*.

Pero ahora que ha comenzado este capítulo, continúe leyendo, ya que lo siguiente es importante. (Y si se saltó la introducción y el capítulo 1, esperando llegar a lo bueno, ¡regrese, y léalos ahora!)

Las acciones y las habilidades que le estoy desafiando a incorporar a su vida provienen de un fundamento que se estableció antes de que usted y yo brillásemos a los ojos de nuestros padres.

EL INVENTO DEL MATRIMONIO

El matrimonio no evolucionó; fue invento de Dios. ¡El sexo fue idea suya! Eso está bien; vamos, dígalo con emoción: «¡Gracias, Dios!».

Posiblemente usted no sepa mucho acerca de Dios o de la Biblia. Está bien. Pero si no ha escuchado esto antes, permítame ser el primero en informarle que la Biblia no deja a un lado el sexo, la sexualidad, ni todas las cosas que pueden considerarse sensuales.

¿Desea una prueba? Observe este versículo bíblico: «Es una cierva amorosa, una gacela llena de gracia. Que sus pechos te satisfagan siempre. Que siempre seas cautivado por su amor» (Proverbios 5.19).

¿No es eso grandioso? Sé que algunos están pensando: *Rayos, nunca vi ese versículo en mi clase de la escuela dominical.* ¡Lo sé! Me identifico con usted. Debido a esa privación, he reunido todo un diario lleno de versículos como este. Me imaginé que esos versículos eran un asombroso punto de comienzo para que mis amigos y yo memorizáramos la Escritura. *Que sus pechos te satisfagan siempre.* Eso es oro. Apuesto a que ya memorizó ese versículo. Sé que la mayoría de mis amigos le leerán ese enunciado en voz alta a su esposa. Pero tristemente, la Escritura no nos fue dada para utilizarla como garrote para hacernos entender, de manera que usted no puede pegar eso en el espejo portátil de su esposa y pedirle que obedezca. Lo siento.

¿Sabía usted que la Biblia tiene un libro entero lleno de simbolismo sexual, llamado Cantar de los Cantares? Es un libro en el que el rey Salomón describe vívidamente lo que él desea hacer con su amor, parece que ella tenía una gran personalidad. Y por lo que he leído, ella era muy ardiente y salvaje.

EL SEXO ES... BUENO, ¡INCREÍBLE!

Yo creo que el sexo es una de las muchas pruebas de que Dios existe. El sexo fue el diseño inteligente de Dios.

Si su mente no ha llegado allá, piense un momento en el clítoris femenino. Bien. Ya fue demasiado. Si usted no sabe lo que es (o lo conoce con otro nombre), es parte de los genitales femeninos. ¿Cuál es el propósito del clítoris? Esta no es una pregunta capciosa, y lamentablemente no hay otro versículo bíblico para que memoricemos aquí. Deseo que se detenga y considere el *porqué* de esa pequeña ubicación en el cuerpo de su esposa. Su propósito es simplemente para el placer. ¡Nada más! El clítoris no juega ningún otro papel biológico:

1. No ayuda a la micción.
2. No contribuye a la digestión.
3. Y no puede utilizarlo para una mejor recepción del cable en su televisión.

Simplemente es un detonante biológico femenino para el placer. Otra vez, hacemos una pausa para decir: «Gracias, Dios. ¡Qué asombrosa es tu creación!».

Me enloquece pensar en que la evolución se lleve el crédito del sexo. ¿Piensa usted que realmente pudo existir un hombre de las cavernas que un día descubrió el sexo *por accidente*? ¿Puede imaginarse la inscripción jeroglífica del diario de Grog?

Grog corrió hacia árbol. ¡Ay! Hacer doler el rostro. Luego Grog corrió hacia Grogita. Ella suave. Gustarme más. Caemos. La pongo contenta. Yo llamo sexo.

En el primer libro de la Biblia encontramos la historia de la creación, en la que Dios creó este increíble parque de juegos que llamamos la Tierra, y luego creó a un hombre y a una mujer. Cuando creó al hombre «el Señor Dios dijo: No es bueno que el hombre esté solo» (Génesis 2.18).

Al menos a un nivel superficial, parece como si Adán lo tuviera todo. Y si en verdad lo tiene todo, *¿no es todo eso bueno?* No había contaminación, no había tráfico, ni multitudes, ni tensión, ni política, ni suegra. ¿Qué más podría necesitar; además, desde luego, de ESPN, la UFC y las alitas de pollo con salsa picante?

Pero Dios aclara que Adán no lo tenía todo. No todo lo que tenía era bueno, porque estaba *solo. No* fuimos creados para estar solos. Así que luego Dios creó a Eva, y Adán dijo: «¡Al fin! ¡Esta es hueso de mis huesos y carne de mi carne!» (Génesis 2.23).

La respuesta de Adán hace pensar que estuviera leyendo un manual de primeros auxilios... ¡por lo aburrida! Hombres, piénsenlo. Adán es el primer hombre de la historia de la humanidad que ve a una mujer desnuda.

Es probable que tenga una imaginación muy activa, pero no puedo imaginar que Adán despertara de su sueño inducido, viera a una mujer desnuda y exclamara tranquilamente: «Al fin, alguien que puede ayudarme a dar nombre a los animales... espero que tenga una personalidad agradable».

Nosotros lo hacemos mejor. No hay manera de que haya sucedido así. Hombres, ¿pueden imaginarse la escena? De hecho, sé que pueden imaginársela; ya lo hicieron. La mayoría de los hombres puede imaginarse rápidamente a Eva desnuda. Deténgase. Vuelva a la lectura.

Sin embargo, continúo apostando a que esa fue una experiencia extraordinaria para Adán (¡hablando de una avalancha de dopamina!). Él se despertó luego de que Dios lo pusiera a dormir, y ahí estaba Eva... ¡desnuda! ¡Desnuda! Descubierta. Desguarnecida. Desvestida. Expuesta. Destapada. Ya captó la idea. Me pregunto si en ese momento también surgió la frase: «Alabado sea Dios». *¡Alabado sea Dios! ¡Envuélvanla! Me la llevo. Mejor aún, no la envuelvan. ¡Me la llevo así!* ¿Podría haber sido Adán el primer hombre en cantar (gritar, proclamar): «Ven a mí, fuente de toda bendición»? ¡Oh, sí!

Uno nunca sabe.

Lo que sí sabemos es que Dios inventó el sexo y el matrimonio. Fueron su idea. En Génesis 1 leemos acerca del sexto día de la creación: «Así que Dios creó a los seres humanos a su propia imagen. A imagen de Dios los creó; hombre y mujer los creó [...] Entonces Dios miró todo lo que había hecho, ¡y vio que era muy bueno! Y pasó la tarde y llegó la mañana, así se cumplió el sexto día» (vv. 27, 31).

Cuando Dios hizo al hombre y a la mujer, incluyendo todas sus estupendas partes que encajan tan cordialmente y les proporcionan placer a los seres humanos, los miró y llamó «muy bueno» a lo que había hecho. Cuando leemos acerca de todo lo que Dios creó, resulta fascinante observar que el hombre y la mujer son las únicas partes de la creación de las que él dice que son *muy buenas*. Todo lo demás se cataloga como *bueno*. ¿Las estrellas? *Bueno*. ¿Las plantas? *Bueno*. ¿Un Starbucks en cada jardín? *Bueno*. ¿Leones, tigres y osos? *Bueno*. ¿La humanidad, hombre y mujer, matrimonio y sexo? *Muy bueno*. Esto, para mí, habla bastante acerca de la intención de Dios y el valor que le dio a la relación entre el hombre y la mujer.

Las matemáticas del matrimonio: 1 + 1 = 1

Luego de que Dios creara al primer hombre y a la primera mujer, leemos la conclusión del relato en Génesis 2: «Esto explica por qué el hombre deja a su padre y a su madre, y se une a su esposa, y los dos se convierten en uno solo» (v. 24).

Este pasaje muestra el objetivo que Dios tuvo para el matrimonio: la unidad. Apunta a la naturaleza física de la relación (dos unidos en uno; vamos, esa apenas es una representación gráfica del coito). Ellos se *unieron* y fueron hechos *uno*, y se vincularon emocional, espiritual y sociológicamente (otra vez, se unieron y se hicieron uno) en una unidad familiar. El matrimonio es el diseño de Dios, y es probable que su plan parezca unas matemáticas confusas, no obstante, es verdadero. El objetivo de Dios para el matrimonio es que 1 + 1 = 1.

Obviamente, usted es libre de creer lo que desee, pero durante miles de años esta ha sido la perspectiva histórica y bíblica del matrimonio. Es un hombre más una mujer los que hacen un compromiso monógamo de unirse como uno.

En el Nuevo Testamento, Jesús confirma esta definición del matrimonio y añade un signo de exclamación:

> —¿No han leído las Escrituras? Allí está escrito que, desde el principio, «Dios los hizo hombre y mujer» —y agregó—: «Esto explica por qué el hombre deja a su padre y a su madre, y se une a su esposa, y los dos se convierten en uno solo». Como ya no son dos sino uno, que nadie separe lo que Dios ha unido. (Mateo 19.4–6)

Un solo corazón

El matrimonio no se trata simplemente de crear unidad física. La verdad es que no tenemos que crearla. Cuando dos personas se casan, se convierten en uno. Nosotros solo tenemos que averiguar cómo vivir el matrimonio como uno, unidos para que nadie nos separe.

Aquí hay una perspectiva que cambió el juego en mi propio matrimonio. Literalmente transformó mi perspectiva, la cual reformó —a su tiempo— mis acciones de cabeza hueca para hacerlas mucho menos «cabeza hueca». La perspectiva es lo que he llegado a llamar *El principio de un solo corazón*. ¿Está listo? ¿De veras? Le aseguro que puede cambiar todo en su matrimonio. Si está listo, sostenga su páncreas y abra su corazón. Es este: en el matrimonio, cuando hiero, lastimo o pisoteo el corazón de mi esposa, en realidad estoy haciéndole lo mismo a mi propio corazón. O la manera más positiva de verlo es: cuando *enriquezco* el corazón de mi cónyuge, en realidad estoy *enriqueciendo* el mío a la vez.

Esto no es para pensarlo. Es bastante simple para ser verdad. Si de acuerdo al diseño de Dios mi esposa y yo somos uno, entonces cuando la lastimo, también me lastimo a mí mismo. Por otro lado, cuando edifico su corazón, también edifico el mío. Esa es la poderosa dinámica de la unidad.

Piénselo. Los sutiles disparos verbales o no verbales que usted le lanza a su esposa pueden ser coherentes en su mente con el calor del momento, pero *no* dejan de hacer daño. Pueden parecer inocentes. Pueden incluso ser parte del guion de «cómo nos relacionamos» que se ha interpretado solo durante los años. Pero *no* son inocentes y siempre resultan en daño: hacia ella y hacia usted mismo.

Me alegra que mi mente no pueda contar las veces en que he dicho algo que sabía que heriría a Cathy. Como ignoraba totalmente el principio de un solo corazón, siempre pensé que *ella* era el objetivo. Cuando estoy enfadado, lastimado, herido, furioso, frustrado, molesto, no hay problema: tomo esos sentimientos, los moldeo en palabras y los disparo por el cañón de mi boca hacia el objetivo deseado (alias, *mi cónyuge*). ¡No puedo creer lo tonto que fui! Ella no era el objetivo de mis palabras hirientes; lo éramos *nosotros*. Usted sabe a lo que me refiero. En un mal momento, usted dice algo que podría parecer gracioso, aunque también envía el mensaje que desea transmitir (por ejemplo: «Si te comes otra rebanada de tarta esta noche, mañana la tendrás encima». En la escala de diez puntos de lo gracioso tiene un 2. En la escala del patán obtiene muchos más puntos). La ira puede tornar a su cónyuge fácilmente en el objetivo fácil. Cuando un amigo mío deseaba explicar que su esposa estaba tratando de emascularlo al hacer o decir algo que obviamente tenía el fin de bajarle los humos como hombre, solía llamarla por el nombre de su suegra (que todos sabían que era controladora e insensible). «Se sentía bien unos cinco minutos —decía—. Luego se podía ver la herida en sus ojos y yo me daba cuenta de que acababa de herir dos corazones con un solo tiro».

En su matrimonio ustedes tienen un solo corazón, de modo que cuando hiere a su cónyuge, usted se hiere a sí mismo también. Imagine que dispara una pistola cuyo cañón es curvo y apunta directo a su corazón. Yo no sé quién la dispararía voluntariamente. Pero eso es lo que en realidad les está sucediendo a nuestras relaciones cuando lastimamos a nuestra esposa. Al ser (bíblicamente) uno, nos herimos a nosotros mismos.

El principio de un solo corazón significa que como esposo que desea estar sano y feliz —y experimentar las mismas cualidades en el matrimonio—, debo proteger nuestro único corazón en lo que diga o haga.

En un contexto más amplio, Jesús expresó un pensamiento similar acerca de cómo nos relacionamos con los demás: «Haz a los demás todo lo que quieras que te hagan a ti. Ésa es la esencia de todo lo que se enseña en la ley y en los profetas» (Mateo 7.12).

Probablemente ha escuchado que a este pasaje se le refiere como *la regla de oro.* En este versículo, Jesús dice que la totalidad de la enseñanza de las Escrituras puede resumirse en que debemos tratar a los demás como deseamos que nos traten. Ahora, si Jesús dijo que ese es el estándar para la manera en que debemos tratar a *todos,* ¿cuánto más debemos aplicar ese estándar a nuestra propia *esposa,* con quien somos *uno solo*?

Pero espere, ¡hay más! En el libro de Efesios, en el Nuevo Testamento, encontramos la esencia del principio de un solo corazón (hablaremos más al respecto adelante). En Efesios 5.28–29 leemos: «De la misma manera, el marido debe amar a su esposa como ama a su *propio* cuerpo. Pues un hombre que ama a su esposa en realidad demuestra que se ama a *sí mismo.* Nadie odia su *propio* cuerpo, sino que lo alimenta y lo cuida tal como Cristo lo hace por la iglesia» (énfasis añadido).

Cuando comprendemos el principio de un solo corazón, este puede revolucionar radicalmente nuestro matrimonio. Me doy cuenta de que puede haber mucho dolor en el matrimonio, pero me aventuraría a decir que la mayoría de los cónyuges, en lo profundo, realmente no desean lastimarse mutuamente. En mi propio matrimonio, yo no deseo que Cathy me lastime. ¿De manera que por qué desearía yo herirla a ella? Además, estoy completamente convencido de que nunca me heriría en forma intencional a mí mismo. ¡No pierdan de vista esto, chicos! Debido a que ustedes son uno con su esposa, ¿por qué desearían herir a sus esposas *y* a sí mismos? Si acogen el principio de un solo corazón, este cambiará profundamente la trayectoria de sus matrimonios.

Tener un solo corazón como prioridad en nuestra mente no significa que haremos las cosas bien todo el tiempo. Perseguir el principio de un solo corazón tiene que ver con la intención, no con la perfección. Un buen amigo mío está casado con una mujer que padece trastorno por estrés postraumático. Él me dijo: «Accidentalmente la lastimaba al menos una vez al mes con algo que dijera. A veces ella lo tomaba personalmente debido a que el abuso que enfrentó en su matrimonio anterior fue vil. Otras veces, ella se daba cuenta de que soy hombre y que no puedo evitarlo. Mi trabajo como hombre es cometer errores y soy muy bueno en ello». Pero luego, él me enseñó una frase para «salir de prisión» que yo mismo estoy intentando incorporar a mi propio armario de herramientas para las relaciones: «Siento mucho herirte. Sé que cometeré muchos más errores con el tiempo, pero intentaré no cometer *este* de nuevo».

Su esposa puede aprender a tolerar sus, eh, idiosincrasias masculinas, en tanto que su propósito nunca sea lastimar sino fortalecer y edificar siempre; tratar el corazón de ella como si fuera el propio... porque lo es.

Entonces, ¿a dónde nos dirigimos juntos? Aunque yo escribo y doy conferencias, soy un hombre bastante normal que está tratando de seguir los caminos de Jesús. Mantener eso simple en este libro resultó muy fácil.

Esta formulita lo hará todavía más fácil: un hombre que persigue a su esposa (capítulo 1) + una firme creencia en un solo corazón en el matrimonio (capítulo 2) + estas siete acciones importantes (capítulos del 3 al 9) = un sano y creciente matrimonio para los próximos años.

2B

El otro lado de la moneda

Ahora que ha terminado el capítulo 2, usted le da vuelta a la página y ve *otro* capítulo 2. ¿De qué se trata esto? Bueno, a los hombres les gustan las bonificaciones y este, en realidad, es el bono adicional del capítulo que acaba de leer. No *todos* los problemas del matrimonio son culpa del hombre. Es por ello que he escrito una respuesta, un capítulo B que le sigue a la mayoría de los capítulos de este libro. Estos capítulos B más breves están diseñados para responder a las preguntas:

«¿Y QUÉ SI EN REALIDAD NO ES MI CULPA EN ESTE ASPECTO EN PARTICULAR? ¿QUÉ SI MI ESPOSA ES MÁS LA DEL PROBLEMA QUE YO?».

Bueno, lo entiendo. Eso sucede a veces. De manera que en estos capítulos adicionales he abordado qué hacer si su esposa es más la del problema en esta categoría que usted. Pero adivino que aproximadamente en el ochenta y cinco por ciento del tiempo, no será aplicable.

Aunque no suceda con frecuencia, existen relaciones en las que el hombre es el más sensible. La esposa puede ser tan mala como una bruja, fría como el hielo y posiblemente otra docena de clichés. Sus comentarios mordaces o sus intentos humorísticos sarcásticos le hacen sentirse como basura y menos hombre.

Y cuando se trata del factor intimidad, ella se lo concede solamente en los cumpleaños o cuando ha logrado ser el esposo perfecto durante treinta días seguidos. (Que le vaya bien con esa racha.)

No importa cuáles sean su fundamento y sus creencias acerca de la unidad del matrimonio, existen consecuencias que probarán el fundamento hasta el fondo. La mayoría de los matrimonios comienzan siendo fuertes; ambos cónyuges actúan de acuerdo con su mejor comportamiento. Pero luego la vida golpea, es probable que a un hijo, a dos, o a tres, y de pronto la mujer que solía ser tan linda y apasionada está haciendo todo lo que puede (al parecer) para negar sus necesidades más profundas.

Cada matrimonio pasa por temporadas en que el flujo de la pasión fluye un poco más de tiempo del que usted pensaba que podría soportar. ¿Cómo tener un solo corazón con ella cuando usted desea una vida sexual normal y ella no? ¿Qué hace usted cuando ella es más malvada de lo que usted esperaba que cualquier mujer fuera con su sensible corazón?

¿Y qué sucede cuando ella no piensa en un solo corazón como usted? Mientras usted intente ser su héroe y hacer que esto de un solo corazón se presente con más frecuencia, necesitará un poco de ayuda a lo largo del camino. Necesitamos que nuestra esposa nos dé un poco de ánimo. Pero si no lo hace, algo que no hacemos es abandonar nuestra genuina intención de ser un solo corazón con ella.

Los héroes no abandonan su acto heroico solo porque no se salgan con la suya.

Al contrario, perseveran.

Un alto porcentaje de mujeres cambiará de opinión si ve la coherencia, la paciencia, el autocontrol y el sacrificio del hombre... su amor incondicional. Sería una mujer muy rara si no lo hace.

La verdad es: los héroes permanecen como tales cuando no obtienen los resultados inmediatos que esperan (más y mejor sexo). Ellos no fracasan en la oscuridad si no se abren paso a la luz. Eso es lo que hace un héroe poco fiable, no un verdadero héroe a quien le importa el corazón de su mujer y se preocupa porque el corazón del matrimonio sea uno solo de verdad.

LOS ASESINOS DE LA UNIDAD

La culpa y la competencia son las dos áreas en las que los hombres luchan, las cuales compiten contra la unidad. Y si su esposa es un poco infame —o incluso si lo ignora más de lo que le gustaría— la culpa surge con más facilidad.

La verdad es que los hombres y las mujeres (especialmente los que tienen hijos en casa) compiten por tener un tiempo y un espacio personales (tiempo para sí mismos), y luego culpan al otro si no lo obtienen, porque sus tanques están agotados al punto que no pueden darle al otro. Hombres, aquí es cuando el corazón único del matrimonio se apoya en el otro hasta que se lleve a cabo el trabajo. Ser su héroe significa tratar de llenar su tanque, intentar ayudarla a vaciarse de aquellas cosas que lo llenan, de manera que *ambos* tanques se llenen juntos.

De vuelta a la culpa. Debido a que los hombres por lo general somos más egoístas que las mujeres, rápidamente culpamos a todos menos a nosotros mismos. La culpa viene de forma rápida y creativa a la mente del hombre. Podemos culpar a los perros y a los gatos, a los objetos inanimados, así como a los suegros y a los padres, y especialmente a nuestra esposa. La culpa puede remontarse a cuando Adán probó su suerte con Eva: «La mujer que *tú me diste* fue quien me dio del fruto, y yo lo comí» (Génesis 3.12, énfasis añadido). Sí, hemos estado culpando a la mujer durante algunos milenios. En cuanto a mí, soy muy bueno culpando cuando mis tres necesidades básicas no son satisfechas: sexo, sueño y comida (a veces en ese orden). De manera que cuando se me olvida hacer las pequeñas cosas que llenan su tanque (sí, olvidar *es* la razón principal de algunos de nosotros los hombres), como por ejemplo:

- sacar la basura,
- arreglar la gotera del lavabo,
- colocar mi ropa en uno de los dos (sí, dos) canastos de ropa sucia de nuestro dormitorio, o
- mantener mi compromiso de salir con los niños para que ella pueda salir con las chicas en la noche (al contrario, programo un juego de póquer en nuestra casa),

es probable que a veces ella olvide mis necesidades.

¿La razón por la que nos gusta culpar? No deseamos vernos mal. Además somos un tanto competitivos y no deseamos perder. Somos bobos orgullosos que apenas pueden deletrear *humildad*, ni hablar de ser humildes.

Por el lado positivo, esta actitud nos sirve muy bien en la guerra, los deportes y en nuestros negocios (a veces). Nos mantiene luchando, intentando ganar y eso finalmente alimenta a nuestra familia, resguarda la libertad y gana trofeos que acumulan polvo en nuestra cueva masculina.

De manera que si usted está jugando a la culpa en su anhelo competitivo por ser el hombre y ganar todos los argumentos sin verse mal, ¿cómo le está funcionando? No necesita responder, yo ya lo sé.

DE DÓNDE VINO ELLA

Todas las mujeres son completamente diferentes.

Ellas entran en el matrimonio con un bagaje de mamá, de papá, un bagaje hormonal o cerebral, un bagaje de secundaria, un bagaje del antiguo novio, y a veces, el bagaje del abuso sexual (un tercio de las mujeres caen en esta triste categoría), sin mencionar el de las revistas de chicas y de mujeres que no han hecho nada más que destruir su capacidad de sentirse bien consigo mismas como Dios las creó. Hablaremos más al respecto luego, pero usted debe saber que hay razones por las que ella a veces actúa como lo hace con usted.

Su mayor y más importante trabajo como el esposo héroe de su vida es identificar el bagaje, ayudarla a descargarlo, y luego llenarlo con lo que Dios desea que ella sepa: cuán preciosa y maravillosa es ella de verdad. No es un trabajo imposible, pero uno que acogen, abrazan e intentan activamente completar los héroes humildes. Nosotros somos hacedores y arregladores, y aunque nadie (ni siquiera usted) desea ser arreglado, *todos* necesitamos un buen arreglo amoroso.

De manera que si su cónyuge tiene mucho más bagaje que la mayoría (usted probablemente no, pero si eso le hace sentirse mejor con sus desafíos diarios, le haré creer que sí), detenga el juego de la culpa y la *bravata* de la competitividad, deje el orgullo y haga el trabajo que se necesita para llenar el tanque de ella y mantenerlo lleno.

Y *no* para que usted pueda tener más sexo.

(Objetivo. Débil. Hombres.)

Hágalo porque ella es la otra mitad de su corazón y usted necesita esa mitad llena a rebosar con salud y felicidad. Y aunque ese no sea su motivo para llenar su corazón, la verdad es que la necesita llena, de manera que cuando usted llegue a una temporada en que su tanque esté medio lleno, ella esté ahí para llenarlo en sus puntos bajos. Posiblemente ahora no haya ninguno, pero lo habrá. Y es por ello que no es bueno que el hombre esté solo. Nosotros tenemos *muchos* puntos bajos en nuestra vida y casi siempre la mujer sabe cómo llenarlos.

La verdad es: los héroes miran la lejanía de la unidad y mantienen su mirada en ese horizonte. Cuando lo hacen, obtienen un verdadero matrimonio.

De manera que ahora que avanzamos hacia las siete acciones prácticas para convertirse en un mejor esposo, nunca olvide estos fundamentos:

1. El matrimonio es diseño e idea de Dios.
2. El matrimonio es el plan de Dios para que usted sea un héroe y para que ella esté con usted cuando la necesite.

3. Experimentar la unidad con su esposa es el objetivo de Dios para su matrimonio.

Cuando usted base su matrimonio sobre este fundamento, estará más dispuesto a luchar, trabajar, esforzarse... no a apestar en su matrimonio. Sin esto como su fundamento, todas las acciones que estoy a punto de sugerirle para mejorar su matrimonio podrán ser *buenas*, pero esencialmente carecerán de poder.

3

ACCIÓN 1:
NO DIGA TODO LO QUE PIENSA

Tengo un amigo cuya esposa entró en el salón familiar mientras él estaba mirando televisión, y simplemente le preguntó:

—¿Te gusta mi nuevo corte de pelo?

Él volteó a verla, examinó su nuevo peinado y respondió confiadamente:

—Luce bien. Es como si hubieras vuelto a la secundaria.

Ella respondió:

—¡Ah! ¡Te daré otra oportunidad! ¿Por qué no lo intentas de nuevo? ¿Te gusta mi nuevo corte de cabello en el que me gasté ciento cincuenta dólares?

Él dijo:

—Estoy intentando decirte que luce genial. Aunque no estoy seguro de que valga ciento cincuenta dólares la genialidad.

Mi amigo durmió en el sofá aquella noche.

La primera acción que le ayudará a mejorar como esposo es extremadamente simple y lógica de comprender, pero es bastante difícil de poner en práctica en el matrimonio:

NO DIGA TODO LO QUE PIENSA.

Le aseguro que no necesita hacerlo. Yo sé que este llamado a la acción puede desorientar al cerebro masculino. Sé que piensa que debe decir todo lo que le viene a la mente, pero no lo necesita. ¡De verdad! Si puede aprender a dominar esto, usted será heroico. Aunque es más fácil decirlo que hacerlo.

Mi lucha personal por no decir todo lo que pienso gira en torno a tres problemas primordiales: (1) tengo agilidad mental, (2) me he inclinado hacia el sarcasmo y (3) tengo una fibra subdesarrollada y débil de autocontrol que va de mi cerebro a mi boca. Cualquiera de estos problemas pueden resultar conflictivos en el matrimonio, pero juntos pueden ser una mezcla peligrosa y tóxica.

Un buen comienzo para la mayoría de los hombres puede ser reconocer rápidamente que dominar esta acción será difícil... mejor dicho, *muy difícil*. Vaya y confiéselo ahora mismo. Si no desea decirlo en voz alta porque está leyendo esto en un avión o en un Taco Bell abarrotado, lo comprendo, pero al menos admita —en silencio, hacia sus adentros— cuán difícil será. Hacer comentarios hirientes y miserables es demasiado fácil, especialmente cuando usted, como yo a veces, es simplemente tonto. ¿Cuán inteligente fui hace varios años cuando estaba considerando si decirle a mi esposa embarazada: «Cariño, parece que ganaste peso durante las fiestas»? Y, a decir verdad, ¿cuánto más inteligente puede ser siquiera tener este serio diálogo interno consigo mismo que hacer esta pregunta? Verá, no siempre soy inteligente.

Pero el desafío no acaba con solo ser tonto. Evitar decir lo que le viene a la mente se vuelve todavía más difícil cuando usted está a la defensiva, enfadado o cansado con un nivel bajo de azúcar en la sangre; o la combinación de las tres cosas.

Para mí, estar cansado de verdad me extermina. La fatiga casi siempre me lleva a tomar más decisiones malas y a hacer comentarios más hirientes y estúpidos que cualquier otro desafío que enfrente.

No hace mucho tiempo, Cathy hizo una simple petición: «¿Podrías, por favor, tomar tu vaso de papel que dejaste en mi coche para que no se rompa por debajo y gotee por todos lados?».

La razón por la que hizo la petición era sensata. Ya antes hemos tenido una «explosión de vasos». Y tal como preguntarle a una mujer que no está embarazada cuándo nacerá su bebé, deseo poder decir que solo lo he hecho una vez. En varias ocasiones he dejado mi vaso de papel medio lleno de Coca de dieta en el coche, y esos químicos alimenticios carcomieron el papel y deshicieron la base del vaso, dejando obviamente un desastre pegajoso... y una esposa enfadada.

De manera que su cautelosa petición era bastante justa. Pero el problema fue que yo estaba cansado (lo cual, como mencioné anteriormente, me hace más vulnerable a pensar y decir cosas tontas). Había sido un largo y difícil día en el trabajo, y yo no deseaba hacer *todo el recorrido* desde el sofá hasta la entrada del auto (aproximadamente veinticuatro metros). Con sinceridad, me pregunté por qué no podía ella misma simplemente traer el vaso. Yo deseaba decir (de nuevo, vea mis comentarios anteriores acerca del cansancio y la estupidez): «*¿Cuán difícil pudo haberte sido traer el vaso? ¿Está lleno de plomo? ¿Tal vez de dinamita? ¿Heces de rata? ¡Vamos! No es que esté sentado holgazaneando. Estoy trabajando duro todo el día para pagar un coche que tiene algunas lindas características especiales... ¡tal como un portavasos!*».

Eso es lo que yo deseaba decir, pero aunque puedo ser tonto, no lo soy tanto. Afortunadamente no lo dije.

Por desdicha tampoco mantuve la boca cerrada (vea mi comentario anterior acerca de mi problema de poco autocontrol). Dije bruscamente: «¿No pudiste solo haberlo traído?». Al hacerlo, de inmediato me catapulté de héroe a tonto. Apuesto a que usted tiene sus propias historias, ¿o no?

Este no es un problema nuevo; la estupidez ha existido durante un largo tiempo. Aquí tenemos algunos consejos directos del libro de Proverbios del Antiguo Testamento: «Hasta los necios pasan por sabios si permanecen callados; parecen inteligentes cuando mantienen la boca cerrada» (17.28). «Hablar demasiado conduce al pecado. Sé prudente y mantén la boca cerrada» (10.19).

¡Así se hace, Doug! En esta ocasión ni siquiera pude elevar mi rango a tonto callado.

Sin embargo, aunque hubiera logrado no decir nada, probablemente lo habría echado a perder de todos modos. Mi expresión facial ante la petición de Cathy habría revelado dramáticamente lo que yo estaba pensando. Como usted sabe, la comunicación *no verbal* a menudo es más poderosa que las palabras. Muchos hemos perfeccionado el arte de girar los ojos en respuesta a las peticiones de nuestra esposa. Nos hemos convencido de que sacudir la cabeza, sonreír con superioridad, girar los ojos es mejor que decir algo duro o hiriente. La verdad es que las respuestas no verbales pueden lastimar a nuestro cónyuge *tanto como* un comentario mordaz.

Ponga atención aquí: no decir todo lo que piensa no se trata de elegir permitir que su lenguaje corporal hable en lugar de decir lo que piensa en voz alta. *¡Se trata de refrenar ambas cosas!* Mantenerse callado y quieto. Chicos, posiblemente seamos lentos para comprenderlo, pero no se equivoquen: *tanto* las palabras *como* nuestro lenguaje corporal *siempre* le *comunican algo* a nuestra esposa. Los mensajes no verbales son tan poderosos como los verbales.

En mi casa, nuestra mesa de la cocina puede llenarse bastante. Es una estación donde se acumulan las cosas de la familia: el correo, las cuentas sin pagar, las mochilas de nuestros hijos, cupones que estoy seguro que usaré algún día y vasos medio llenos de Coca de dieta. A veces, cuando mi mundo exterior está descontrolado, deseo que mi hogar esté limpio para que pueda al menos tener una ilusión de control en un aspecto de mi vida. Me doy cuenta de que el desorden en la casa no les molesta a muchos hombres, pero a mí me fastidia. Posiblemente piense que tengo problemas y, desde luego, los tengo. Pero estoy trabajando en ellos.

De acuerdo, ¿entonces me enfado un poco con el desorden aunque haya estado trabajando duro la última década para llegar al punto de «a quién le importa»? De verdad, desde un punto de vista general, ¿a quién le importa si la mesa de la cocina está limpia? Habrá un día muy pronto en que no tengamos hijos en casa y estará limpia *y* callada. Pero hasta entonces, ¿a quién le importa? La mesa de la cocina está desordenada. Parte de ello es mi culpa. Parte es culpa de mis hijos. Y algo de eso es culpa de mi esposa. (Y sí, soy demasiado inteligente como para asignar los porcentajes de la culpa y compartirlos con usted.)

Hay una parte de la mesa en la que preparo un poco de licuado de proteína para después del ejercicio. Si alguna vez me vio en persona, estará tentado a pensar que mis músculos eran naturales. Pero aunque me sea difícil admitirlo, he tenido ayuda. (También resulta difícil admitir que en realidad no tengo músculos, pero ya que este no es un libro con imágenes, dejaré que se imagine que soy un autor bien parecido y musculoso.) De hecho, compré mi complexión con cajas de proteína en polvo. Aparentemente, cuando preparo mi licuado de proteína, se ha dicho que dejo un poco de polvo en la mesa. La frase clave para recordar en esta historia es *un poco*.

Parece que tal como un halcón hambriento puede encontrar un ratón de campo desde un kilómetro en el aire, mi esposa tiene una visión superhumana capaz de ver *un poco* de polvo de chocolate en la mesa oscura. Yo nunca lo noté porque poseo una visión humana normal. A Cathy, por otro lado, podrían llamarla de la unidad de investigación de CSI para rastrear cantidades de polvo. Yo no sé cómo suceda, pero el punto es que ella sí lo nota.

De manera que un día, la halcón Cathy, bajó en picada y me dijo muy calmada y firmemente: «Parece que siempre estoy limpiando el polvo que dejas». Y yo, el ratón de campo, me puse en modo de supervivencia. Como aposta: *¡Zaz!* Mi mente se apresuró a resguardarse, al ciclo de (1) agudeza mental, (2) sarcasmo y (3) autocontrol débil.

Mi cerebro inmediatamente fabuló esta gema: *Ah, no te preocupes por limpiar el polvo que solo los científicos pueden ver. En cambio, ah, no sé, ¿por qué no limpias tus* montones *que son lo suficientemente grandes para tener su propio ecosiste-ma? De hecho, creo que una camada de armadillos se ha mudado a los montones más grandes. Escucho que a ellos les gusta la proteína en polvo. Solo sopla el resto de tu desorden para que ellos puedan tener una cena nutritiva.*

Sí, eso es lo que imaginé. Fue bueno, ¿no? Estoy un tanto orgulloso de eso. Ni siquiera tuve que pensarlo demasiado: me vino a la mente de inmediato. Posiblemente usted también sea un buen fabricante de palabras. Algunos hombres podemos pronunciar enunciados completos cuando nuestra esposa desea que le hablemos, pero cuando estamos a la defensiva, podemos articular enunciados a la velocidad de la luz. Por fortuna, no lo dije.

Esto es lo que hice:

- No dije nada de lo que pensé, aunque estuve *muy* tentado.
- Recibí el comentario de Cathy y pensé que ahora sería un buen momento para no apestar como esposo.
- Dije con mucho respeto: «Ah, lo siento. No deseo que limpies tras de mí. Definitivamente seré más cuidadoso».

Ya sé lo que algunos están pensando. Están pensando que tal como saltar a un lago alimentado de agua de manantial, mi hombría se marchitó y se retiró a las profundidades cuando le dije eso a mi esposa. Pero en realidad sucedió lo contrario. Luego de más de treinta años de matrimonio, he aprendido que mi hombría es mucho más feliz cuando trato a mi esposa con respeto y honra. Verá, nos volvemos hombres más heroicos cuando tratamos a nuestra esposa con la honra que realmente merece.

Tratamos a nuestra esposa con honra cuando no decimos todo lo que pensamos, pero en cambio intentamos promover la paz con nuestra esposa, en lugar de aumentar el conflicto. Aquí tenemos otra joya del libro de Proverbios: «Honra es del hombre dejar la contienda; mas todo insensato se envolverá en ella» (20.3).

Al menos en esta situación en particular, tomé la decisión correcta y me coloqué por sobre la condición de tonto.

Usted también puede tomar decisiones correctas. Yo sé que puede. Permítame decirlo de nuevo: retener su lengua y mantener controlado su lenguaje corporal no es fácil. De hecho, casi siempre es difícil cuando siente que necesita decir algo. Obviamente, existen circunstancias en las que debe hablar, pero *aquello* que usted dice y *cómo* lo dice puede hacer una completa diferencia, para mejor o para peor.

AGUAS INFESTADAS DE SARCASMO

Un amigo mío vive en lo que yo llamo *un infierno infantil*. Esto significa que tiene cinco hijos menores de diez años.

¡Todos varones!

Solo ver a ese tipo y a su esposa intentando manejar los asientos para auto, los zapatos, las manos manchadas de comida y a los niños que se patean mutuamente es todo un programa de comedia.

Cathy y yo una vez nos estacionamos junto a ellos en el estacionamiento de la iglesia, mientras estaban saliendo de su camioneta. Yo me quedé asombrado e intimidado al ver todo lo que tiene que suceder para prepararlos para salir al público. Fue como ver cinco «velociraptors» alocados corriendo salvajemente en un estacionamiento.

Como esposo, cuando uno se encuentra en lo profundo de la maleza de la vida real, la familia y el matrimonio, momentos como ese son frustrantes. Se puede sentir la ira burbujear dentro de usted como el gas luego de una comida picante, no se necesita mucha motivación para darle vuelo. Para mi amigo, solo bastó con que su esposa dijera inocentemente pero con cansancio, justo ahí en el estacionamiento: «Desearía tener más tiempo».

Esta fue una simple afirmación de los hechos. Fue un comentario neutro. Ella no estaba atacando; estaba soltando su frustración: *Desearía tener más tiempo*. ¡Seguro! ¿Quién no? Esta es una declaración comprensible. Si yo fuera ella, habría dicho que desearía estar en Irak.

Mi amigo, que también estaba frustrado por sus intentos de reunir a sus hijos (una hazaña similar a intentar arrear a cinco gatos subidos en una hierba salpicada de crack), dijo inmediatamente: «Al parecer recuerdo que *uno* de los dos deseaba salir de casa más temprano». Resulta casi imposible leer su comentario sin soltar un: «Puedo identificarme con eso».

De acuerdo, en apariencia esa no parece ser una terrible observación, ¿cierto? Este es el tipo de comentario que nos es fácil hacer a los hombres. (Después de todo, ¡*sí* era verdad!). Pero si miramos más de cerca, fue sarcástico y humillante. Hagamos una pausa y consideremos lo que sucede cuando dirigimos comentarios innecesarios hacia nuestra esposa.

1. **Crea una actitud defensiva.** «Al parecer recuerdo que *uno* de nosotros...». Claramente mi amigo no quiso decir que era su esposa, por lo tanto, al decirlo, de hecho estaba atacándola al declarar superioridad. Normalmente cuando la gente es atacada se pone a la defensiva. Es muy fácil alcanzar el estatus de tonto.

2. **Provoca la ira.** En este ejemplo, es bastante probable que lo que ella le escuchó decir fuera: «¿Deseas más tiempo? Por... favor. Te dije que teníamos que comenzar a alistarnos más temprano. Tú me ignoraste. Esta es tu culpa y ahora tengo que vivir con las consecuencias de tus malas decisiones. Esto sucede todo el tiempo. Desearía que fueras una mejor mamá, esposa y ser humano». Aunque eso no fuera lo que él dijo, en medio de la ira, los cónyuges pueden escuchar los continuos mensajes que han sido depositados en el típico guion de su relación. Ella está molesta porque él lo está. La ira se está incrementando. Él se está enfadando por causa de la mala planeación de su esposa, y ella se está enfadando porque la están culpando. Su mente se apresura al hecho de que él ni siquiera estaba en casa para ayudar; él estaba ejercitándose mientras ella se apresuraba a empacar las pañaleras, los bocadillos y el Prozac.

3. **Comunica una falta de respeto.** ¿Mi amigo, en verdad, necesitaba resaltar el error de su esposa? ¿Era ese el momento para hacerlo? No y no. Posiblemente haya necesidad de que una pareja discuta sobre la administración del tiempo, pero ese no era el momento para una conversación digna. Dejar salir el comentario

mordaz fue irrespetuoso, y el mensaje se envió y se recibió.

4. **Instiga la vergüenza.** Yo apesto a veces y usted también. Es un hecho. La propiedad de la pestilencia no yace solo en los hombres (aunque somos los accionistas mayoritarios). Nadie es perfecto. Todos apestan a veces. ¿Necesitamos que nuestra esposa resalte nuestros errores? No. Ya los conocemos bastante bien. Entonces, ¿por qué pensaríamos que poner los reflectores sobre las imperfecciones de nuestra esposa es una buena idea? Respuesta sencilla: *¡no lo es!* Remarcar los defectos de nuestro cónyuge solamente despacha un platillo de vergüenza.

5. **Le añade credibilidad a cualquier sentimiento negativo que ella sienta hacia usted.** Usted puede estar seguro de que su esposa está consciente de sus defectos. Cuando hacemos observaciones innecesarias, en realidad le estamos resaltando y enfatizando nuestros propios defectos a nuestra esposa, que legítimamente responde: «¡Eso es tan clásico de ti!». Ay.

La conclusión es que cuando hacemos un comentario mordaz de nuestra esposa, ¡no ganamos! La herimos y nos herimos a nosotros mismos (recuerde el principio de un solo corazón), de manera que perdemos y traemos dolor al matrimonio. Su matrimonio no necesita más dolor. Usted puede ayudar a reducir el cociente de dolor al no decir todo lo que piensa. Siga el consejo de Proverbios 21.23: «Cuida tu lengua y mantén la boca cerrada, y no te meterás en problemas».

PERO, ¿QUÉ PASA SI ELLA SABE QUE ESTÁ EQUIVOCADA?

Sí, en el matrimonio existen circunstancias en que se necesita decir algo. Parece que algunos esposos hacen todo lo posible por evitar decirlo, incluso cuando es necesario. Definitivamente estos hombres sienten tensión, pero solo la internalizan. Cuando su ansiedad se eleva hasta bullir, desarrollan úlceras, tienen ataques cardiacos o se vuelven masturbadores crónicos. Para ser bastante franco, el silencio no ayuda a su matrimonio y, de hecho, puede amenazar su vida o al menos tener un inapropiadamente poderoso apretón de manos con usted.

La clave para no apestar como esposo no se encuentra en guardar silencio. En cambio, usted puede convertirse en un mejor esposo con simplemente no decir todo lo que piensa y pensando en lo que dirá antes de decirlo.

Vayamos de vuelta a la historia de mi amigo con cinco demonios de Tasmania (es decir, *chicos activos*). Recordemos el comentario que le hizo a su esposa: «Al parecer recuerdo que *uno* de nosotros deseaba salir más temprano de casa».

Analicemos las opciones que tenía en ese momento en el estacionamiento:

- Él puede ser un tonto y hacer un comentario mordaz, enfadando a su esposa, que ahora está dándole vueltas a su comentario toda la tarde;
- o puede ser un héroe al evitar el comentario hiriente, amándola en medio de su frustración y examinando el principio más profundo —el problema que en

realidad necesita ser abordado—, y luego haciendo un comentario apropiado y constructivo.

En este ejemplo el principio más profundo es la administración del tiempo familiar y cómo trabajar juntos para alistar a la manada de monos salvajes y estar a tiempo para un evento familiar.

Esta bien puede ser una razón perfectamente válida y sacar a la luz un problema que necesita discutir con su esposa. ¡Genial! En las familias con hijos pequeños, la administración del tiempo probablemente sea un tema frecuente. En mi familia tengo tres mujeres y he aprendido que estar «vestido» no es lo mismo que estar «listo para irse». Normalmente, cuando mi hijo y yo estamos vestidos, estamos listos para salir. No es así para las mujeres. Para ellas, existe toda una fase como de proyecto de construcción que incluye poner la masilla, resanar y pintar. Permítame ponerlo en términos que los hombres puedan comprender, cuando una mujer dice: «Estaré lista en cinco minutos», es como si usted dijera: «Solo jugaré un juego más».

En este caso, el comentario heroico que mi amigo le debió haber hecho a su esposa era: «Oye, cuando tengamos tiempo, veamos si podemos averiguar una mejor manera de ayudarnos el uno al otro a alistarnos cuando intentemos salir de casa. Deseo hacerlo mejor».

En nuestros años de matrimonio, Cathy y yo hemos averiguado una manera de lidiar con los problemas familiares que nos facilita evitar hacer comentarios inapropiados, mordaces y fuera de tiempo. Aprendimos que tener una reunión familiar semanal para discutir acerca de nuestros problemas sobre asuntos y relaciones familiares es de gran ayuda. Yo estoy muy consciente de que mi elección de palabras (*reunión semanal*) a veces puede producir resistencia en mi esposa. ¡Lo comprendo! Al principio, Cathy no daba volteretas y me preguntaba acerca de mi lencería favorita en que me gustaba verla. En serio, la idea de «una reunión con mi esposo» no enciende el «romanticómetro». Ella decía que incluso le olía a que era un poco condescendiente. Si a su esposa no le anima programar una reunión, minimice la *reunión* de palabras y sugiera que necesita un tiempo específico cada semana en que pueda hablarle de lo que vale. (Eso le llamará la atención.)

Para nosotros, esta conexión semanal es donde unimos nuestros planes y hablamos del calendario, las responsabilidades, los niños y lo que pueda estar molestándonos; así como de aquello que está funcionando en nuestro matrimonio. Lo que comienza como una reunión para ponernos en la misma página, a menudo se vuelve un tiempo de afirmación en el que me enfoco en lo que me encanta de ella. Lo que comenzó como un experimento (por cierto, utilice la palabra, *experimento,* con su esposa, porque si el experimento no funciona, no hay problema, se descarta; solo fue un experimento) se ha vuelto una de las partes destacadas de nuestra semana. Nunca es en realidad un tiempo altamente emocional, porque hemos tenido *tiempo* y *espacio* antes de nuestra reunión para pensar acerca de las necesidades que requieren ser abordadas. Ha habido ocasiones en que he guardado un conflicto importante (al no decir nada cuando sucedió) y pensado: *Lo mencionaré el lunes cuando nos reunamos.* A veces incluso he olvidado lo que me molestaba al principio de la semana. Y si recuerdo algo suficientemente importante para mencionar, casi siempre lo saco a colación utilizando el «método sándwich» de la confrontación.

Esto es tan fácil que incluso un hombre como yo lo puede comprender. El pan del sándwich es positivo, alentador, comprensivo y afirmador. La carne del sándwich es la parte difícil de la conversación. Yo comienzo con algunos puntos destacados de la semana y lo que observé de ella pero que no tuve la oportunidad de decirlo. Ahí es donde deseo revelar genuinamente algo de mi corazón que le haga saber lo importante y especial que ella es para mí. Por ejemplo: «Cuando fui a andar en bicicleta montañera con los chicos la semana pasada, oí que algunos de ellos se quejaban, y no pude evitar pensar en cuán bendecido soy de haberme casado contigo. Miro con asombro la manera en que ayudas a nuestros hijos a navegar por la vida. Eres una mamá increíble, soy muy afortunado por vivir contigo».

Usted acaba de afirmarla en una manera genuina. La palabra clave es: *genuina*. Ahora se ha ganado el derecho de ser escuchado cuando necesite decir algo fuerte (la carne del sándwich), si necesita hacerlo: «No estoy seguro si estás consciente al respecto, pero el otro día, cuando Cassie llegó a casa frustrada con su mejor amiga, supe que estabas distraída al hacer la cena. No parecía que en realidad la estuvieras escuchando cuando dijiste: "Necesitas superarlo. Tú le has hecho lo mismo". Yo vi su mirada y ella parecía estar muy lastimada».

Entonces termine con otro comentario positivo: «Cariño, normalmente pones tanta atención y te preocupas tanto que yo sabía que debiste haber tenido otras cosas en tu mente. De manera que si lo sientes en tu corazón, posiblemente desees traer a colación el episodio con ella para escuchar lo que ella pensó. No es gran cosa, pero pensé que desearías saber lo que vi».

Si usted ha escuchado este método antes y no lo está utilizando, entonces este será un recordatorio. Casi todo mundo puede soportar lo que usted en realidad necesita decir, si se comunica cuidadosamente con amor y afirmación sinceros. Y en el tiempo adecuado. A menos que la vida de alguien esté en peligro, rara vez tenemos que confrontar un problema en el momento en que sucede. (Desearía que los padres jóvenes prestaran atención a este mismo consejo en el área de juegos del McDonald's.) Espere a que todos se tranquilicen, están teniendo un buen día, y puede mirar en retrospectiva con una perspectiva acerca de la montaña en que desea que se convierta su problema, cuando simplemente puede ser un grano de arena. Luego haga un sándwich de sus comentarios con otras verdades de su corazón.

Para ser verdaderamente su héroe, usted no necesita decir todo lo que piensa cuando lo piensa.

¡Inténtelo! Posiblemente no alcance el cien por ciento de inmediato, pero está bien. Cuando meta la pata, tal vez lo reconozca rápidamente. Ese es un paso en la dirección correcta. Continúe practicando. Un último consejo: cuando experimente una victoria personal al mantener cerrada la boca, no celebre esa realidad con su esposa: «Iba a decirte esto... pero no lo hice. Estoy muy orgulloso de mí». No diga eso porque, bueno, eso apestaría, y usted regresaría a la clasificación de tonto.

3B

LA REINA DEL SARCASMO...
¿AHORA QUÉ?

A veces el hombre no es el sarcástico, sino la mujer. ¿Qué sucede si está casado con Su Alteza del sarcasmo y la sátira? ¿Qué si ella lo saca de quicio cada vez que puede, lo merezca usted o no? ¿Qué si ella se pone a la defensiva casi cada vez que usted trae algo a colación, incluso cuando lo hace con amabilidad, y lo voltea en un ataque contra usted? ¿Qué si sus palabras inoportunas le hieren el alma y lo avergüenzan frente a los demás?

Si usted es seguidor de Jesús, es probable que esté consciente de que Efesios 5.25 nos ordena amar a nuestra esposa como Cristo amó a la iglesia. Sí, nosotros morimos por nuestra esposa, pero eso no quiere decir que nos sentemos perezosamente y recibamos el abuso, con buena intención o no. Eso desafía nuestros sentimientos como hombres, establece un mal ejemplo para cualquier hija que piense en cómo tratar a su hombre en el futuro; y a menudo, si se hace en público, es más vergonzoso para ella que para usted. Los pasajes de la Biblia que hablan acerca de retener nuestra lengua, de la amabilidad y de la palabra llena de gracia son numerosos. Por lo que si las palabras de ella le están hiriendo el corazón o simplemente son infames, usted no puede permitir que eso continúe.

Por lo tanto, ¿qué es en realidad entregar nuestra vida por la otra mitad de nuestro corazón, cuando ella está hiriendo y avergonzando nuestra mitad?

1. **Comprenda de dónde proviene eso con frecuencia.** El sarcasmo es un método de supervivencia que la gente utiliza para hacerse sentir mejor consigo mismo. A menudo se aprende profundamente en la niñez, usualmente porque un padre fue tan hiriente o desconsiderado que tenía que hacer *algo* para no sentirse tan mal. De manera que si podía regresarla sin tener un revés, esa era una manera más probable de no ser aplastado por la vergüenza. Así que puso el foco de atención sobre el padre o el adulto y *sus* culpas, en lugar de estar en cualquier error mínimo o mayor que cometieron. En verdad, es señal de un problema más profundo con el cual no se ha lidiado.

2. **Percátese de su impacto.** Hacer comentarios cómicos y apropiados es genial. Y a veces, cuando tenemos la compañía adecuada y no es mordaz, un poco de sarcasmo puede estar bien. Pero una descarga constante de sarcasmo y comentarios mordaces puede agotarnos. Y ni siquiera estoy hablando de ser completamente malo. Usted tiene que hablar sinceramente con su esposa acerca de cómo lo hace sentir el que ocurra en la manera equivocada, en el tiempo inoportuno. Este es un

problema que tiene que cortar de raíz o sus sentimientos hacia ella y su matrimonio finalmente se bloquearán. Las personas sarcásticas normalmente también son más defensivas, por lo que debe asegurarse de que sea el tiempo adecuado.

3. **No espere un cambio de la noche a la mañana; concédale mucha gracia.** Es difícil romper hábitos y, si el surco del sarcasmo en su hogar es profundo, tomará un tiempo encontrar un nuevo camino o rellenar el surco. Deje que así sea. Con esperanza, usted no lo ha permitido durante tanto tiempo que necesite un cambio inmediato de 180 grados en una semana. Cuando sucede en un momento inadecuado, a menudo lo único que necesita es mirarla. Posiblemente un par de días después pueda ser discutido. Ella puede sentirse como si estuviera caminando sobre cáscaras de huevo para no hacer nada que lastime «sus tiernos sentimientos». Si ella recurre a eso, usted también tendrá que arrancar *eso* de raíz. Ella está poniéndose a la defensiva para no tener que cambiar. Ella necesita cambiar. Ayúdela. Sea su héroe.

Y este es otro momento perfecto para utilizar el método del sándwich:

«Tú haces mucho porque nuestro hogar sea una casa de gracia y de paz. Me encanta cómo oras por nuestra familia y nos cuidas en muchas maneras.

»Pero tu sarcasmo y tus comentarios mordaces me han avergonzado y me han lastimado más de una vez. Yo no estoy tratando de ser un debilucho, tampoco deseo que ataques tu carácter. Simplemente tenemos que encontrar una manera de moderar tus comentarios con más frecuencia. Estás dándole una trastada a nuestro corazón como pareja.

»Nosotros hacemos muchas cosas grandiosas como pareja y como familia, por eso sé que eso continuará. Ayudamos a los demás, dirigimos a nuestros hijos a Jesús... muchas cosas grandiosas».

Ser su héroe significa proteger ambos corazones para que su único corazón se fortalezca con los años. Eso significa una comunicación sincera, rápida y amable hasta que las palabras hirientes sean cosa del pasado. Y eso nos lleva perfectamente al siguiente punto clave para ser su héroe: utilizar sus palabras en maneras alentadoras y poderosas.

4

Acción 2: Diga lo que es poderoso

Uno de los más grandes errores que los hombres cometemos en el matrimonio es decir cosas que no deberíamos, y no decir a nuestra esposa cosas poderosas, inspiradoras y vivificantes.

La relación matrimonial se construye o se destruye con las palabras. Permítame simplificar bastante este profundo concepto:

- Los malos matrimonios están llenos de palabras destructivas.
- Los buenos matrimonios están llenos de palabras poderosas e inspiradoras.

El problema con muchos de nosotros los esposos tercos es que pensamos que nuestras palabras son *inspiradoras*, cuando en realidad son *destructivas*.

ESPOSO: «Querida, lucirías tan bien ¡si cupieras en ese vestido!».

ESPOSA: «¡Eres un tonto!».

ESPOSO: «¿Qué? ¡Solo estoy diciendo lo bien que lucirías! Vaya, intento decirte un cumplido y te ofendes. Bien».

La esposa se ofendió porque el comentario *fue* ofensivo. ¡Ella tenía razón! El esposo *fue* un tonto. Seamos sinceros: su comentario fue un intento de manipularla para bajar algo de peso. Qué bobo. Las palabras manipuladoras no solamente dañan su propio corazón (recuerde el principio de un solo corazón), nunca funcionan a largo plazo. Al contrario, derrumban. Su esposa *no* será motivada con comentarios negativos. Por lo tanto, no importa cuánto pensemos que nos ayudaron esos comentarios negativos de papá o del entrenador para tener un mejor desempeño cuando éramos niños; hablar de esa manera *no* funciona entre usted y la otra mitad de su corazón. Usted no es un héroe si puede avergonzarla para tener un cambio temporal.

¿Cuál es el antídoto? Utilizar palabras que en realidad sean capaces de producir un cambio verdadero y duradero. Usted puede utilizar palabras que sean poderosas de verdad.

A estas palabras también se les conoce como aliento y afirmación. Son palabras que inspiran a su esposa, a su compañera de equipo, a la otra mitad de su corazón, para ganar, para continuar, para luchar, para sentirse bien consigo misma y para conquistar esta batalla que llamamos vida.

La primera necesidad de una esposa

¿Sabe cuál es la primera necesidad que siente su esposa? Aunque a usted le encantaría que fuera eso, no es sexo, ni sexo dos veces al día. Eso posiblemente sea lo que siente que es la necesidad número uno de *usted*, pero definitivamente no es la de ella. La primera necesidad de todas las mujeres en todos los estudios, en todos los países y en todas las galaxias es la misma. Es el amor incondicional. La comunicación y la intimidad emocional siguen el camino del amor incondicional, pero estas dos necesidades les proporcionan a las mujeres la queja principal acerca de los hombres: «Mi esposo no es capaz de comunicarse y ser emocionalmente íntimo».

Chicos, esto no es bueno. Cuando nuestra esposa siente que sus necesidades de amor, comunicación e intimidad emocional no son satisfechas, los resultados son espantosos:

- Las esposas se alejan de sus esposos.
- Las esposas crean un bajo resentimiento contra sus esposos.
- Las esposas se amargan con sus esposos.
- Las esposas pierden el interés sexual en sus esposos.
- Las esposas comienzan a perder respeto por sus esposos.
- Las esposas buscarán en otra parte para satisfacer sus necesidades.

Usted no desea ninguna de esas terribles consecuencias. Algunas de las claves para comenzar a satisfacer la necesidad de su esposa, se encuentran en su capacidad de proporcionar libremente el poder del ánimo. Aunque sus palabras de afirmación no satisfagan *inmediatamente* la más profunda necesidad de expresar amor incondicional, es la manera más directa y rápida de comenzar a dirigirse en la dirección adecuada.

Por favor, ¡no minimice esto! Existe un tremendo poder en las palabras intencionales de un esposo amoroso. ¿Qué tipo de frases poseen este poder? Millones de combinaciones de palabras funcionarán, siempre y cuando sean confeccionadas por un corazón amoroso:

- «¡Querida, estás echando humos! ¡Podría mirarte todo el día!».
- «¡Tienes ideas asombrosas! Me encanta cómo funciona tu mente».
- «Me encanta cómo les hablas a nuestros hijos. ¡Tienes un corazón tan hermoso!».
- «¡Estoy muy agradecido por ti!».
- «Soy el hombre más afortunado por estar casado contigo».
- «¡Es grandioso que ya no sudes como solías!». (Con esta solo estoy bromeando.)

Cuando comience a decir este tipo de palabras, usted empezará a satisfacer una de las más profundas necesidades de su esposa. Luego, si de verdad desea encender el motor, no solamente exprese sus pensamientos en privado. Dígalos frente a los demás.

Sí, se necesita de un hombre seguro y maduro para decir estas cosas. ¡Sea ese hombre! Piense en sus palabras como pequeños regalos que salen de su boca. No siempre somos muy buenos para comprarle regalos a nuestra esposa, pero le aseguro que los regalos de las palabras alentadoras siempre están de temporada, siempre son apropiados y siempre son bien recibidos. Además, no nos cuestan dinero. La palabra correcta, en el momento correcto, con la intención correcta arreglará todo dentro del alma de su esposa. Si no me cree, considere esta pizca de sabiduría del libro de Proverbios: «Las palabras de los justos son como una fuente que da vida» (10.11).

Esposos, hay un poder vivificador esperando ser desatado en sus palabras.

En el sumamente famoso libro de Gary Chapman, *Los cinco lenguajes del amor*, él identifica las palabras de afirmación como uno de los principales lenguajes del amor que se conectan profundamente con la gente. Veamos a continuación su lista:

- Palabras de afirmación.
- Tiempo de calidad.
- Recibir regalos.
- Actos de servicio.
- Contacto físico.

La premisa de este libro es que uno de estos cinco lenguajes es la manera *principal* en que su esposa siente y recibe el amor. Aunque todos ellos sean importantes, para cada persona, uno de los cinco normalmente se muestra como la expresión de amor más poderosa.[1]

Cuando yo jugaba béisbol en la secundaria, podía hacer cinco lanzamientos: una bola rápida, una bola con cambio de velocidad, una nudillera, lateral o slider, y la que lanzaba con mayor eficacia, la bola de jonrón, que es por lo que nunca jugué béisbol luego de la escuela.

Su esposa tiene un lanzamiento principal que le dará la mejor oportunidad de hacer un jonrón. La pregunta es: ¿sabe usted cuál es? Y a diferencia de la metáfora del lanzador/bateador, usted desea que ella batee un jonrón. ¿Le está haciendo *ese* lanzamiento?

Si usted no está seguro de cuál es, aquí hay una pista: el lenguaje de amor principal de su esposa probablemente sea el que más utiliza cuando les muestra amor a usted y a los demás. Usted normalmente puede saber cuál es el más importante al observar cómo expresa amor a los demás. La manera en que uno da amor con más naturalidad generalmente revelará cómo le gusta más recibirlo.

Para mí, las palabras de afirmación encabezan la lista: me encanta recibir afirmación intencional y personal, por eso expreso amor más comúnmente a través de mis palabras. Lamentablemente, las palabras de afirmación no son el lenguaje de amor principal de mi esposa. Cathy, definitivamente valora las palabras de afirmación y las expresa genuinamente cuando yo la afirmo, pero no son su lanzamiento de jonrón. Ella se siente más amada cuando recibe regalos. Yo debí haber leído antes el libro de Chapman, porque me tomó años aprender esa verdad... más bien a la mala.

Un año, le pedí a mi asistente que le comprara a Cathy un regalo de cumpleaños. Fue un mal movimiento de mi parte. No recuerdo por qué o cómo fue que ella me atrapó, pero nunca olvidaré que la lastimé por lo que había hecho. Recuerdo haber pensado: *¿Cuál es el problema? Obtuviste un hermoso collar. ¿A quién le importa quién lo compró en realidad?* Pero resultó que a Cathy le importaba. Y bastante. Siendo la recepción de regalos su lenguaje principal de amor, el regalo mismo nunca es lo que le transmite amor a Cathy, sino la intención detrás del regalo. En ese caso, el mensaje que recibió fue: *Doug está demasiado ocupado y no soy suficientemente importante para él como para que se moleste en comprarme un regalo él mismo.*

¡Zaz! Un mensaje equivocado.

Otro año *fui yo mismo* y le compré un calendario de cumpleaños a Cathy. Pensé que la ayudaría a motivarse a ser más puntual y le ayudaría con su productividad en la casa. Mea culpa. Sí, no funcionó bien, y detesto admitir que fue suficientemente tonto como para pensar que posiblemente el problema era que no le gustaba el diseño del calendario, de manera que al instante salí y le compré uno *más lindo.* Por fortuna, tuve un año entero para darme cuenta de que el calendario no era una buena idea. (Nota: los regalos que «envían un mensaje», casi siempre envían el equivocado.)

¡El lenguaje de amor de su esposa es importante! Averigüe cuál es el principal, pero le ayudará a su matrimonio si se vuelve experto en todos ellos. ¡Así que estúdiela tan pronto como sea posible!

Piénselo en esta forma: cuando está intentando desarrollar músculos, usted tiene que añadirle proteína a su dieta. La proteína viene en formas distintas, tales como soya, carne de res, pavo, pollo, cerdo, pescado y polvo de proteína (no deje nada de polvo en la mesa). Todos estos ayudan a desarrollar músculo. Como esposos, debemos encontrar maneras de desarrollar los músculos del matrimonio para ayudar a nuestra esposa a ganar. Su esposa está hambrienta de la proteína que solamente usted puede proporcionarle.

Por lo tanto, llene el plato de su esposa con palabras poderosas. Solo piense en cada afirmación como si fuera una onza de proteína en su plato vacío. Considere su hambre de afirmación y recuerde que en su poder está alimentarla bien. Observe cómo se explica esta idea en Proverbios: «Las palabras sabias satisfacen igual que una buena comida; las palabras acertadas traen satisfacción» (18.20).

CUATRO IDEAS PARA QUE SEA UN HÉROE CON SUS PALABRAS

Para hablar prácticamente, ¿cómo podemos volvernos personas que afirmen a su esposa con lo que dicen? Aquí tenemos cuatro ideas que usted puede poner en práctica inmediatamente con su esposa, que le ayudarán en el camino hacia el heroísmo.

1. Si piensa algo positivo, dígalo.
- «Luces hermosa hoy».
- «Me encanta lo cómodo que es nuestro hogar».
- «Esa fue una comida grandiosa».
- «¡Me encanta verte en la mañana!».
- «Es asombroso lo amigable que eres con los extraños. Tienes un corazón hermoso».

Estoy consciente de cuán difícil puede resultarles esto a algunos. Además, es probable que lo esté volviendo un poco más confuso. En el capítulo anterior le dije que *no* dijera lo que piensa. Ahora le estoy diciendo que lo exprese cuando lo sienta. Este es una especie de malabarismo mental: una bola es buena y la otra es mala (no lo haga). La diferencia clave es que una edifica y la otra derriba. Bendito es el héroe que discierne la diferencia. Para convertirse en un malabarista profesional con sus palabras, usted necesitará practicar. Esta nueva expresión de vocabulario no aparecerá con simplemente mirar la televisión; usted necesitará experiencias de la vida real para probarlo. Esto puede llegar a sentirse como si estuviera aprendiendo un segundo idioma, y no es divertido. También habrá veces en que no sentirá afirmar a su esposa, ¡pero de todos modos necesitará hacerlo! Para ser un héroe con sus palabras, usted necesita practicar, practicar y practicar.

A medida que desarrolle esta nueva habilidad, prepárese para el hecho de que su esposa puede no regresarle comentarios afirmantes. Ella puede estar sorprendida. Posiblemente esté esperando a ver si eso continúa una vez que usted acabe el libro. Está bien. El aliento genuino no se da con la expectativa de obtener afirmación de vuelta. Por lo tanto, no la espere. No importa. Si usted no la ha estado afirmando a lo largo del camino, ella ha estado hambrienta de esa proteína de aliento durante tanto tiempo que puede tomarle semanas antes de que esté suficientemente llena y tenga fuerzas para compartir con usted algunas sobras.

2. Póngase un recordatorio.

Si usted es como yo, se le dificultará recordar las cosas importantes sin listas ni recordatorios. Mientras esté practicando esta habilidad, es bueno que haga cosas que le ayuden a estimular su memoria. Además de la antigua técnica de lápiz y papel, la tecnología actual facilita demasiado hacer recordatorios.

Si tiene un iPhone, usted puede hacer que Siri le ponga un recordatorio diario:

YO: Por favor, recuérdame tres veces diariamente
decirle a Cathy algo que me encanta de ella.
SIRI: De acuerdo, comenzaré a recordarle.
YO: ¿Soy el tipo de hombre que hace esto?
SIRI: Prefiero no decirlo.
YO: Ay. Vamos, Siri, ¿quién es el hombre?
SIRI: Usted, el hombre.
YO: ¡Gracias!
SIRI: Estoy programada para complacer.

Chicos, parézcanse más a Siri. Que su objetivo sea complacer a su esposa. Establezcan un recordatorio y desarrollen el hábito de afirmarla cada día. Pronto, el amor de su corazón burbujeará y sus palabras saldrán tan naturalmente que no necesitará recordatorios. Pero hasta entonces, acuérdese.

3. Envíe mensajes de texto cuando lo piense; la afirmación no siempre tiene que ser verbal.

Yo intento coquetear con mi esposa todo el día con los mensajes de texto. Creo que es una manera sencilla de permanecer conectado con Cathy a lo largo del día en una manera que le asegura que siempre está en mi mente.

Ahora mismo estoy pensando en ti...

Te amo...

Te extraño...

Ya anhelo verte...

En el almuerzo comí melón verde y pensé en ti...

4. Notas: cuando lo piense, escríbalo.

Vuélvase profesional en escribirle notas a su esposa. Compre algunas notas adhesivas o un paquete de tarjetas de notas (recientemente compré un paquete de cien notas de colores con sobres, en Target, por nueve dólares). Luego, cuando le venga a la mente algo positivo con lo que pueda afirmar a su esposa, escriba una breve nota (no tiene que ser un ensayo) y déjela en un lugar creativo donde ella pueda encontrarla más tarde (y se sorprenda afablemente). Péguela en el asiento del retrete, métala en su cartera, colóquela en el panel de su coche a media noche, escóndala en la bandeja de hielos o péguesela al perro. Esto tiene como resultado una doble ganancia de atención.

Escribir notas de afirmación no es normal para la mayoría de los esposos. Lo normal para nosotros tiende más a las habilidades de hacer comentarios burlones o de mofa, sarcásticos o condescendientes. En nuestra timonera puede estar bien bromear y menospreciar, pero las esposas no aprecian cuando utilizamos con ellas esas habilidades. A ellas tampoco les gusta que las golpeen en el brazo. Un «¡Oye, cariño!» *[con un puñetazo]*, no le hará ganar más puntos hoy con su esposa que en la secundaria; como tampoco lo hará escribir notas sarcásticas.

———

Vean hombres, deseamos apestar menos en la vida. Muchos de nosotros intentamos convertirnos en amos de nuestros propios territorios, ya estemos hablando de trabajo, inversiones o deportes. Para mejorar, practicamos. No es diferente en el matrimonio en lo que respecta a ser expertos en animar a nuestra esposa. Necesitamos practicar.

Por favor, comience a practicar esto hoy. ¡Usted puede hacerlo! Nosotros podemos ayudar a nuestra esposa (y a nosotros mismos) a ganar en la vida, cuando les hacemos saber a lo largo del día que no están solas y que la otra mitad de su corazón está loco por ellas, perdidamente enamorado de ellas y animándolas.

4B

¿Y QUÉ HAY DE MÍ?

Una vez escuché que un pastor le dijo a un grupo de hombres: «Como esposos, siempre recuerden: Dios satisface sus necesidades, no su esposa».

He aquí el fin del sermón.

Un par de años después, escuché que ese mismo pastor no solamente tuvo una aventura con su secretaria (¿por qué siempre es la secretaria?), sino que dejó el ministerio y su familia para casarse con ella.

Obviamente, Dios no satisfizo *todas* sus necesidades.

Un sabio y experimentado amigo me dijo algo que nunca he olvidado: «Dios llena las partes divinas que necesitamos. Pero los humanos fuimos diseñados para llenar las partes humanas».

Estamos desesperados por conexiones humanas y, sin embargo, nos perdemos aquellas oportunidades con nuestro cónyuge con regularidad. Lo acabo de desafiar a conectarse con su esposa a través de las palabras. Pero, ¿qué si esas palabras no vienen a usted? ¿Lo percibe siquiera? ¿Le importa? ¿En serio?

Cuando camino junto a extraños, les sonrío y digo: «Hola». Aproximadamente setenta y cinco por ciento del tiempo ese saludo recibe la respuesta: «Bien». ¿Qué? Todo lo que dije fue hola. No le hice una pregunta. Asumo que pensaron que diría: «¿Qué tal?», o: «¿Cómo está?», o: «¿Cómo va el melanoma de su cuello?». Yo estoy diciendo una cosa y ellos están escuchando otra. No sé si sea el tono que utilizo con mi simple saludo o si el nacimiento cada vez más escaso de mi pelo los cautive; o si se asombran de que alguien como yo se haya pillado a una esposa tan hermosa. En cualquier caso, es un desacierto.

De manera similar al caso hola-bien, eso es lo que parece suceder cuando hablo con hombres acerca de «decir algo poderoso». Los hombres están deseosos de intentarlo con su esposa, lo cual aprecio y aplaudo; pero se preocupan menos por su propia necesidad de esas palabras de afirmación que de su esposa, por lo que pueden desestimarla fácilmente. Es una dinámica extraña. No es que no valoren las palabras; simplemente valoran más satisfacer sus necesidades físicas. Lo entiendo. Yo puedo ser un «hombre de palabras», pero eso no quita mi necesidad de conectarme a través de la intimidad física.

Las mujeres me dirán: «Espero que mi esposo estuviera poniéndole atención a su material acerca de la afirmación. Sus palabras son pocas, pero cuando él me anima, yo cobro vida».

Sinceramente, ni siquiera puedo recordar una ocasión en que un hombre me haya dicho eso de su esposa luego de una conferencia. Cuando los hombres hablan acerca de lo que esperan que su esposa escuche de una de mis conferencias, siempre se relaciona con satisfacer sus necesidades físicas.

Así que, con eso en mente, démosle un pequeño giro. Vayamos de la necesidad de conectarse con las palabras a la necesidad de conectarse a través de la intimidad física. En lugar de preguntar: «¿Qué hago si mi esposa no me está afirmando?», consideremos cómo hacer que *sus* «necesidades de amor» sean satisfechas sin ser egoísta, exigente ni tonto.

En primer lugar, esta batalla será imposible de luchar si su esposa no ha creído por completo el hecho de que ella y solo ella es una provisión de Dios para sus necesidades de intimidad física. Otras personas pueden darle regalos a usted. Pueden afirmar cosas buenas de su carácter. Pueden unírsele para pasar tiempo (platónico) valioso. Pueden hacer cosas pequeñas para servirlo.

Pero nadie más está diseñado para satisfacer su necesidad de contacto físico, especialmente el contacto físico *sexual* en el que usted piensa ocasionalmente (la última vez que lo rectifiqué, cada dieciocho segundos en la mayoría de los hombres). Un hombre que conozco se había rendido por completo en cuanto a que alguna vez su esposa satisficiera sus necesidades físicas, y estaba convencido de que el sexo era «un impulso que podía ser canalizado a otras áreas de atención», contrario a una necesidad dada por Dios que necesitaba ser satisfecha. Su matrimonio terminó luego de una aventura (sorpresa, sorpresa).

Me gustaría razonar que el siglo veintiuno es muy diferente a los siglos anteriores, que debido a que vivimos en una sociedad que exagera la sexualidad, la tenemos más difícil que los hombres de los tiempos bíblicos.

Pero luego leí la Biblia.

Aparentemente, los hombres han estado fallando en el área sexual desde... ¡siempre!

De acuerdo, además la Internet ha alimentado la bestia un poco más últimamente que durante la época del apóstol Pablo.

Y no hay duda que la dosis de dopamina de la pornografía puede hacernos tan adictos al sexo como un cocainómano lo es al costoso polvo blanco. Pero en realidad, la cultura sexual de la actualidad simplemente ha agudizado más la necesidad que ya teníamos.

Por lo tanto, sí, la esposa necesita saber todo esto. Ella necesita saber bajo qué presiones nos encontramos, en qué somos más débiles y cuánto necesitamos como hombres en lo sexual. Ella debe comprender por completo a los hombres y al sexo, y por qué nunca deben ser separados en esta tierra. Es posible que, aunque ella afirme haberle comprado este libro, en realidad tenga su propio plan en cuanto a las áreas en que desea ver cambios, por lo que no tema hacer que ella lea esta sección (luego de haber practicado suficiente tiempo decir cosas poderosas), y lleve esta discusión a un lugar más profundo dentro de su matrimonio. No sea el hombre que se da por vencido porque su esposa no se rinde.

En segundo lugar, nosotros como hombres no podemos darnos el lujo de ser inmaduros para salirnos con la nuestra. «Mi esposa no satisface mis necesidades de contacto físico, así que tengo el derecho de satisfacerlas por mi cuenta o hacer que alguien más las satisfaga» (es decir, *pornografía y masturbación*).

Lamentablemente, este razonamiento es una realidad para muchos hombres, incluso cristianos. Adivino que noventa y cinco por ciento de los hombres ha fallado en este aspecto (y el otro cinco por ciento está mintiendo). Han fallado tanto que se han dado por vencidos.

Mire: se están escribiendo libros enteros acerca de este problema y siento que todos los hombres deben leerlos todos. Estamos perdiendo esta batalla y nos estamos dando por vencidos.

Los hombres normales, los pastores, los atletas profesionales, los programadores, todas las comunidades y profesiones que puedan representarse, son jugadores de este juego.

Mi mejor aliento para usted en este día es: permanezca en la batalla. No se rinda.

Hay perdón diariamente. Y si le pide a Dios ahora mismo, él limpiará el pasado (lea Salmos 51). Usted tiene este día para comenzar de nuevo, es un buen día para llevarlo a cabo. No puede cambiar ni arreglar el pasado, pero puede vivir este día pensando que en el futuro le espera más fracaso (lea Mateo 6.9–13; Lucas 11.1–4). Todo lo que tiene es hoy. Pelee hoy; dígale no a la voz mentirosa de su cerebro que le está pidiendo que alimente sus deseos naturales con la pornografía, y que luego los lleve a cabo en maneras que dañan su alma y el alma de su matrimonio.

En tercer lugar, pregúntese si es tan sexualmente egoísta e idealista en sus expectativas sexuales que su esposa ni en un millón de años podría satisfacer sus estándares falsos de lo que se necesitará para satisfacer sus necesidades de contacto físico sexual. Demasiados hombres se han salido por la puerta ancha al darse un banquete de pornografía y han creado impresiones idealistas de lo que una mujer puede y debe hacer. Mi hermano, por favor, escúcheme: la que ha estado mirando no es una mujer; es una actriz, y yo apostaría que su vida real no es nada como la vida de la película. ¡Despierte! Su vida de fantasía está destruyendo su matrimonio.

Dios nos pide que renovemos nuestra mente en docenas de lugares de la Biblia (en particular, en Romanos 12). ¿Cómo está su mente? ¿Necesita ser renovada? Para ser su héroe, nosotros necesitamos volvernos agresivos al sostener el espejo y mirar al interior para determinar si nosotros somos la mitad del problema. Si es así, tenemos que buscar ayuda para superar nuestros propios problemas *antes* (sí, antes) de esperar que nuestra esposa cambie en la habitación. Nada dice algo tan poco sincero como el hombre que está decidiendo perder la batalla cada día, culpando a su esposa por su falta de autocontrol. Usted no se casó con una estrella porno. Quítese de la mente esa falsa idea, pídale a Jesús que renueve y restaure su mente, y comience a trabajar en estas acciones heroicas.

En cuarto lugar, una vez que ha tenido unos cuantos meses de victorias constantes, usted debe sostener la conversación más difícil de su vida. Y posiblemente necesite suceder en la seguridad del consultorio de un consejero. Su esposa necesita verse en su propio espejo y ponderar si puede responsabilizarse, y si no, por qué. Posiblemente tenga niveles hormonales bajos (usualmente estrógenos o progesterona) que pueden ser arreglados con una rápida e indolora muestra de sangre, y luego el tratamiento adecuado. (La investigación de los químicos y las hormonas que ingerimos con los años y de cómo afectan nuestras propias hormonas trata lo siguiente: demasiado de *esto* y no suficiente de *aquello* ha cambiado nuestra composición hormonal en grandes dosis. Posiblemente sea tiempo de volver a equilibrarse. Y no lo sabrá hasta que se practique un análisis de sangre.) Tal vez ella tenga problemas de abuso en su pasado que necesitan sanidad. Es concebible que usted esté tan ansioso e insistente en que sus necesidades sean satisfechas que no le importa o no tenga idea de cómo llegar al punto para ayudarla a tener suerte, y ella ha desistido de pensar que a usted le importará intentar.

Posiblemente sean las cuatro razones. Lo que sea, usted debe buscar esta respuesta como si hubiera un millón de dólares enterrados en su patio trasero. Ya sea problema suyo o de ella, este es un aspecto que usted *debe* discutir y trabajar en él hasta que se resuelva. Usted no puede pasar años viviendo en secretos y frustración. Es malo para su corazón, el corazón de ella... el único corazón que Dios desea que tengan. Es muy probable que termine su matrimonio en el peor momento posible (cuando sus hijos continúan en casa y los necesitan a ambos).

Sea su héroe aunque ella pueda no reconocer qué es lo que en realidad está intentando ser. Proteja su matrimonio en este importantísimo aspecto y tendrá la oportunidad de ser su héroe toda la vida.

5

ACCIÓN 3: ¡NO DIGA NADA! (O CONVIÉRTASE EN UN OYENTE DE CLASE MUNDIAL)

A esta altura del libro sé que algunos chicos están pensando: *Ya veo por qué me compró este libro mi esposa y cómo es que todo esto será útil para mi matrimonio, pero todavía necesito más consejos acerca de sexo.*

Comprendo que posiblemente esté leyendo este libro porque desea consejos prácticos y funcionales para mejorar su vida sexual. Esta es mi perspectiva del panorama general respecto de esta importante área para la mayoría de los hombres: aprender y dominar las habilidades para convertirse en un mejor esposo llevarán totalmente a una vida sexual mejorada. Tal vez no piense que mejorar la comunicación con su esposa sea muy sensual, pero su esposa sí lo piensa. De hecho, una de las razones por las que posiblemente no esté teniendo tanto sexo como le gustaría, se debe a que usted no es un buen oyente; su esposa no se siente conectada emocional ni íntimamente con usted, entonces, ¿por qué desearía estarlo físicamente? Lo sé. Usted ya ha escuchado esta situación antes, ¿verdad? ¡Sí, yo también! Muchos de nosotros los hombres encontramos fácil escuchar cosas, pero se nos dificulta escuchar de verdad.

A muchas mujeres, un buen oyente les parece *sensual.* Hacer preguntas que inician una conversación es como una preestimulación romántica para su esposa, sobre todo si pone atención y escucha correctamente. ¿Desea usted ser su héroe? ¡Vuélvase un oyente de clase mundial!

Hay dos razones principales por las que los esposos normalmente somos patéticos para escuchar:

1. Hablamos demasiado y dominamos las conversaciones con nuestra esposa. Lo que ella dice más bien es ruido de fondo o la plataforma que necesitamos para llegar a *nuestras* conclusiones.
2. Parece que no nos importa demasiado escuchar de verdad a nuestra esposa. En especial, no hemos dominado la importante habilidad de ahondar un poco más para que hable *todavía más.*

Ambos problemas son *enormes.*

Comencemos con la primera razón y observemos al señor Hablamucho.

EL SEÑOR HABLAMUCHO

Es difícil construir un matrimonio de calidad con un hombre que habla demasiado y no escucha. Yo conozco personas (y usted también) que comienzan a hablar y a divagar, y *no tienen idea* de que yo ya me desconecté. En realidad, podría dejar la conversación, correr una carrera de diez kilómetros, tomar una ducha y regresar, y ellos continuarían hablando sin siquiera darse cuenta de que me he marchado. Si usted conoce a alguien así, *cuidado*. ¡Podría ser *usted*!

¿Cómo puede saber si usted es el señor Hablamucho? Veamos algunas señales:

1. Cuando habla con su esposa, los ojos de ella se vidrian con una mirada aburrida, vacilante y desconcentrada. Sus pupilas están fijas y dilatadas.
2. Usted se da cuenta de que tiene que detener físicamente a su esposa para evitar que se marche mientras usted habla.
3. Mientras está hablando, su esposa sostiene su teléfono, el cual nunca sonó y dice: «Tengo que responder esta llamada».
4. Usted está hablando y su esposa está roncando. ¡Huy! Una mala señal.
5. Su esposa ocasionalmente se limpia su saliva del brazo cuando usted le está hablando.

Este es un principio general de las relaciones: a nadie le interesa estar en una relación con un parlanchín de clase mundial.

Para cambiar de ser un parlanchín de clase mundial a ser un oyente de clase mundial, usted tiene que disciplinarse y silenciar el motor de su diálogo interno. Este es el mecanismo que le hace desear intervenir con lo siguiente, mientras su esposa está hablando, o le trae a la mente las maneras en que desea corregirla, arreglarla o calmarla. Apagar ese motor puede resultar difícil, pero es necesario que mejore sus habilidades de escuchar, de estar intelectualmente presente cuando su esposa está hablando, y en realidad poder crear una conexión emocional cuando escucha.

Si usted es un parlanchín de clase mundial tiene que aprender a dejar de interrumpir a su esposa cuando habla. Esto requerirá de paciencia y práctica.

Aquí tenemos sabiduría bíblica que aborda esta idea de escuchar y es absolutamente fundamental para construir un matrimonio de calidad: «Mis amados hermanos, quiero que entiendan lo siguiente: todos ustedes deben ser rápidos para escuchar, lentos para hablar y lentos para enojarse» (Santiago 1.19).

Cuando sigo este consejo bíblico, eso comunica un mensaje muy poderoso a Cathy. Le dice: «Tú eres importante para mí. Tienes algo importante que decir, y sin importar si yo encuentro interesante el contenido de tus palabras, tú eres suficientemente valiosa para involucrar mis oídos, mi corazón y mi cuerpo». Las esposas están hambrientas de sentir este tipo de valor por parte de sus esposos. Yo escucho sus quejas todo el tiempo: *Deseo que le interese tanto como para querer escuchar.*

Hace tiempo me encontraba en una farmacia, esperando una receta. (Ya estoy bien, gracias. Las lombrices se han ido.) Mientras esperaba en la fila, conocí a una mujer que comenzó a hablarme sin detenerse. Nunca había conocido a alguien que de verdad pudiera hablar sin respirar, pero ¡esta mujer tenía habilidades desquiciadas! Para cuando me fui, creo que sabía más de esa mujer que de lo que sé de mi propia esposa. Al reflexionar sobre ese encuentro, comencé a preguntarme acerca de su esposo: *¿Le permitirá él hablar en casa? ¿Está tan desesperada de que alguien escuche que cree que los extraños son su audiencia?* Parecía evidente que esa mujer carecía de algo de su esposo.

¿Qué pasa con su esposa? ¿Le está usted dando la atención que necesita? ¿Está consciente de que hay veces en que ella necesita que usted sea el receptor de sus palabras y su corazón?

Cuando mis hijos estaban pequeños, en ocasiones yo llegaba a casa del trabajo y encontraba a mi esposa encerrada en el cuarto de baño. No estaba estreñida, estaba escapándose y escondiéndose de los niños. Verá, ella llegaba a un límite en que se agotaba con sus niños, puesto que hablan de todo y de nada sin darse cuenta de que están enloqueciendo completamente a su paciente mamá. ¡Ya había tenido suficiente! Necesitaba una conversación íntima, callada y adulta tan pronto como fuera posible. ¿Se da cuenta cuando su esposa necesita tiempo para sí? Posiblemente no sea tan obvio como el caso del baño en que ella estaba ausente estando ahí; pero usted puede ser el héroe de su esposa cuando simplemente está ahí dispuesto a escuchar; y si escucha adecuadamente.

Tengo muchos remordimientos acerca de cosas que le he dicho a mi esposa en más de treinta años de matrimonio. De hecho me aflijo cuando me acuerdo de las palabras inapropiadas e hirientes que he utilizado. Pero *no tengo remordimientos* por escuchar a Cathy. Nunca he pensado: *¿Por qué le puse tanta atención a lo que ella dijo? ¿Por qué fui tan paciente, empático y estuve tan interesado?* ¡Escuchar nunca produce remordimientos!

Esta es la conclusión para el señor Hablamucho: si usted habla demasiado, eso está destruyendo completamente la intimidad, y necesita y puede ser identificado, abordado y arreglado.

Ahora veamos al esposo más común, aquel a quien no le gusta hablar... ni escuchar.

EL SEÑOR NOHABLO

De igual manera, resulta más que imposible experimentar un matrimonio de calidad cuando el esposo tiene una aversión a la comunicación. Este hombre puede haber dominado las habilidades de gruñir «ajá» y de dar respuestas cortas («Bien», «De acuerdo», «¿Compraste cerveza?»), pero no le interesa involucrarse en una conversación. Asimismo, él no escucha bien, porque escuchar a menudo requiere pagar el costo de tener una atención enfocada fuera de sí mismo, y tener que responder y participar verbalmente con su cónyuge. A este hombre puede encontrársele escondiéndose en la seguridad de sus pasatiempos o en su cueva masculina.

¿Qué lleva a convertirse en un señor Nohablo? Puede haber muchos factores: una esposa irritante, una historia de discusiones, vivir con la señora Hablamucho o altos grados de apatía y egocentrismo. La buena noticia es que si usted es el señor Nohablo también puede cambiar para ser más efectivo en la comunicación y un mejor esposo. El verdadero cambio comienza al tomar una decisión intencional de quebrantar el capullo del aislamiento por el bien de su matrimonio y su familia. Luego comience a actuar para enfocarse más en su interacción con su esposa, a fin de convertirse en un mejor comunicador y un mejor oyente. A continuación tenemos mejores pasos de doble acción en los que usted puede comenzar a trabajar de inmediato:

1. **Haga preguntas adicionales.** Hacer una sencilla pregunta alentadora: «¿Cómo estuvo tu día?», es una de las mejores formas que tengo para involucrar a Cathy y expresar mi interés. Ya ni siquiera tengo que seguir con: «Cuéntame más». La simple pregunta inicial es suficiente para arrancar el motor y acelerar la conversación. Lo que sigue es lo que los malos oyentes dirían que es la parte difícil de la conversación: enfocarse en sus palabras y escuchar sus sentimientos detrás de sus palabras. Mientras escucha, no piense en maneras de arreglar la situación o de terminar la conversación; en cambio, elabore una pregunta adicional que pueda hacer, con el fin de profundizar el nivel de una conversación (de nuevo, esto es muy sensual). Una respuesta como: «Ah, eso suena bien, cariño», no lleva a continuar la conversación. De hecho la cortará. Desarrollar la habilidad de hacer buenas preguntas complementarias (sí, es una habilidad que se aprende) ayudará bastante a mejorar su salud comunicativa. Por ejemplo: «¿Qué hiciste cuando Johnny escondió su goma de mascar en el pelaje de Shaggy?», es el tipo de pregunta que expresa interés y lleva a continuar la conversación.

2. **Preste atención a su lenguaje corporal.** La ciencia de la comunicación nos dice que solo el cuarenta y cinco por ciento de un mensaje se comunica verbalmente, mientras

que el cincuenta y cinco por ciento se comunica a través del lenguaje corporal. No se equivoque: su lenguaje corporal envía un mensaje. Le dice a la persona que le está hablando que usted está atento y le importa, o que no tiene interés y no le importa. Por ejemplo, cuando su esposa está hablando y usted se involucra con un buen contacto visual y su expresión facial muestra interés, le está enviando el mensaje: *Cuéntame más; tú eres suficientemente importante para escucharte, y te valoro.* Si, por otro lado, usted está volteando hacia otro lado, mirando la pila de correos del día, revisando su correo electrónico, enviándole a alguien un mensaje de texto o mirando más allá para ver el marcador de *Sports Center*, le está enviando el mensaje: *Podré estar aquí físicamente, pero tengo cosas más importantes que hacer que escucharte.* Cuando mi esposa comienza a hablarme (de acuerdo, el ochenta por ciento del tiempo), presiono pausa física o mentalmente en el control remoto para que todas las distracciones se detengan. He tenido que aprender a disciplinarme, a mover mi cuerpo y mis ojos para estar de cara a ella, y luego practico la esencial habilidad masculina de la «completa atención», que es donde entra el número 3.

3. **Esté disponible.** La percepción que tiene su esposa en cuanto a su disponibilidad es tan importante como su verdadera disponibilidad. Si usted no es del tipo que toma notas o que subraya cuando lee, por favor, vuelva a leer el último enunciado. Esto cambia las reglas del juego. Usted puede pensar que es el Jesusito de la atención, pero si *ella* no piensa que lo es, entonces usted no

lo es. Pueden estar juntos en casa, pero si usted siempre está involucrado en algo más —como mirar televisión, entretenerse en el estacionamiento, con los videojuegos, revisar sus inversiones, navegar en la web—, le está enviando el mensaje equivocado a su esposa, que lo percibe como no disponible. Usted bien podría colocarse al cuello un anuncio que diga: «Sencillamente no me gustas tanto».

Sinceramente, uno de los problemas con la tecnología, sobre todo con los celulares inteligentes, es que aunque nos hacen lucir perspicaces en el trabajo, nos están haciendo esposos tontos. Si siempre estamos conectados con el trabajo mientras estamos en casa, no nos estamos conectando con nuestra familia. He leído que más del noventa por ciento de todos los mensajes de texto son respondidos en treinta segundos, lo cual significa que siempre estamos «en guardia». Hemos llegado a mirar, observar, revisar y responder cada vez que obtenemos un mensaje de texto, estemos en la mesa cenando o en la cama. He escuchado a hombres que admiten revisar sus mensajes de texto mientras tienen sexo. *¿Están locos?* Otra vez, estos comportamientos le comunican un mensaje poco saludable a nuestra esposa. Dice: «*Esto* es tan importante como *tú*».

Lo siento, pero si está teniendo sexo con su esposa, no hay muchas cosas en la vida que puedan ser tan importantes (además de una casa que se incendie, un niño que se queme o que su perro arda espontáneamente en llamas), y enviar un mensaje de texto no debe estar en esa lista.

Para el señor Nohablo, aprender algunas buenas habilidades de comunicación puede representar un desafío, pero para la mayoría de los hombres, esas habilidades definitivamente se encuentran a su alcance y pueden dar como resultado un mejor esposo y un matrimonio más saludable. No obstante hablar en sí no es suficiente. Lo que más importa es el tipo de conversación que usted sostenga.

En el libro de Gary Smalley, *Secrets to Lasting Love: Uncovering the Keys to Life-Long Intimacy* [Los secretos de un amor duradero: descubrir las claves para la intimidad vitalicia], él describe cinco niveles diferentes para hablar. Estos niveles van de lo menos íntimo a la intimidad. A medida que lea las siguientes descripciones breves de cada nivel, evalúe en dónde encajaría su comunicación normal, y luego haga el esfuerzo de ir al siguiente nivel. Estos son:

1. **Utilizar tópicos al hablar.** Definitivamente, esta es una forma verbal de comunicación, pero los tópicos en realidad no comunican nada de valor.
   - Hola.
   - ¿Cómo estás?
   - Estoy bien.
   - ¿Cómo te va?
   - Todo va bien.
   - Qué buen clima tenemos.
   - Genial.
   - ¡La casa se incendia!

2. **Compartir los hechos.** Muchos matrimonios no pasan de comunicarse hechos.
   - El triturador de desperdicios se descompuso otra vez.

- Amber defecó en sus pantalones otra vez en la escuela.
- Estoy cansado.
- La factura de electricidad vino el doble de cara que el mes pasado.
- Vi a Linda hoy en el gimnasio. Parece que se está dejando crecer el bigote.

3. **Compartir opiniones.** Aquí es donde en realidad comienza a compartir sus opiniones con su cónyuge. Esto lleva la conversación por sobre los problemas de la vida, y usted comienza a volverse vulnerable ante su esposa.

- Detesto a mi jefe. Es un tonto.
- Tenemos que averiguar la manera de evitar que Johnny ponga su goma de mascar en el pelaje de Shaggy. ¿Qué opinas que debemos hacer?
- De verdad pienso que el nuevo color de pintura de la cocina ilumina el espacio.
- Estoy pensando que debemos incluir menos fibra en la dieta de Amber.

4. **Compartir los sentimientos.** De acuerdo, esto se les dificulta a muchos hombres, porque tendemos a pensar más que a sentir. Normalmente, los hombres piensan primero, y nuestros sentimientos le siguen a la distancia. No obstante, el noventa por ciento de las mujeres sienten algo primero y finalmente llegan a pensar al respecto luego de sentirlo. Por lo que cuando podemos comunicar nuestros sentimientos, las probabilidades

de conectarnos realmente con nuestra esposa se incrementan a lo sumo. Compartir los sentimientos es lo que lleva nuestro matrimonio al plano de la intimidad. *Nota:* cuando algo está mal en el mundo de ella, resista el impulso de irrumpir en su silencio diciendo: «¿Qué estás pensando?». Es muy probable que su esposa no esté pensando, principalmente está *sintiendo*. Le irá mejor con esta clase de preguntas:

- ¿Cómo te estás sintiendo con ese problema con tu madre?
- ¿Qué crees que debamos hablar con Mary antes de que salga con Luke el viernes en la noche?
- ¿Cómo te sientes en cuanto a los planes para las vacaciones de este verano?
- ¿Qué te dice tu instinto acerca de la cantidad de deportes que Brittany debe jugar este año?
- No puedo creer que me haya casado con una mujer tan asombrosa; me siento como el hombre más afortunado del mundo.
- Definitivamente me hace sentir genial cuando te pones el viejo atuendo de porrista y sacudes los pompones.

5. **Compartir las necesidades.** Este quinto nivel es la clase más íntima de comunicación. Es cuando comenzamos a revelar y a discutir nuestros deseos y necesidades.
   - Deseo tanto que tengamos un matrimonio fuerte.
   - Estoy completamente aburrido de mi empleo. Necesito comenzar a buscar algo que encaje mejor con mis habilidades.

- Necesito comunicarme mejor contigo y necesito tu ayuda para hacerme responsable.
- Me encantaría que ambos buscáramos un tiempo para hablar de nuestra vida sexual y revisáramos nuestras expectativas.[1]

Si somos sinceros, la mayoría de los hombres nos conformamos con quedarnos en el nivel de comunicación de los tópicos, los hechos y las opiniones. Los hombres pueden permanecer en esos niveles para siempre con los chicos a quienes llamamos mejores amigos. Pero también necesitamos comprender esto: nuestra esposa *desea* y *necesita* más de nosotros. Ella necesita que nos comuniquemos a niveles profundos e íntimos, y aprender a volvernos buenos oyentes es la clave para ser exitosos en este aspecto. Es verdad, nuestra esposa nunca puede obligarnos a profundizar en la comunicación. No es natural que nosotros lo hagamos. Tenemos que decidir que vale la pena hacerlo. Tenemos que aprender las habilidades, practicarlas y dominarlas. ¡Usted *puede* hacerlo!

Hombres, espero que vean esto como una inversión valiosa. La buena comunicación es muy importante y fundamental para construir y mantener un matrimonio sano. Convertirse en un oyente de clase mundial ayudará bastante a reducir su cociente de pestilencia y elevar su estatus como un esposo que tiene que convertirse en su héroe.

5B

AYÚDELA A SACAR LAS CONCLUSIONES

Sí, dos orejas y una boca quieren decir que debemos escuchar el doble de lo que debemos hablar, ¿cierto? Bueno, cuando las mujeres hablan veinte mil palabras al día (y el hombre aproximadamente cinco mil), a veces es porque el tiempo al aire está desequilibrado. ¿Qué hace cuando es *usted* quien necesita un oído que lo escuche y ella no ha dominado esa habilidad o no recibió ese don espiritual?

«Guarda silencio y ahora escucha, ¿sí?», es probable que no le lleve a la meta deseada de ser escuchado. De manera que si la descarga de palabras de su esposa no tiene instrucciones de cómo escuchar, es tiempo de darle unas monedas para comprar instrucciones. De buena manera, sin sarcasmo ni insultos.

Es tiempo del sándwich:

«Cariño, me encanta escucharte hablar. Tu voz es una de las cosas que me enamoraron —junto con las demás partes— cuando comenzamos a salir. Pero...».

«A veces necesito a alguien que me escuche y, en verdad, deseo que seas tú. A menudo *siento* como si no reconocieras que puedo necesitar hablar contigo. ¿Qué puedo hacer para mostrarte que necesito tiempo al aire para hablar?».

«Eres una esposa fantástica en muchísimos aspectos, me encanta escucharte y escuchar tu corazón, pero esta es un área en la que necesito un poco más de ti. Preferiría mil veces hablar a profundidad contigo que con cualquiera de mis amigos».

En este punto, otras afirmaciones posibles, dependiendo de su dilema, podrían ser...

«Querida, me encanta escucharte hablar. Tu voz es una de las cosas de las que me enamoré —junto con las otras partes— cuando comenzamos a salir. Pero...

»Cuando estamos discutiendo, mi mente solo puede guardar algunos minutos de lo que estás intentando decir y comienza a divagar. Deseo desesperadamente mejorar en esto. Es posible que se deba a las miles de horas de videojuegos que jugué cuando era adolescente y que tenga un poco de trastorno por déficit de atención con hiperactividad (TDAH). Ya que deseo escuchar y comprender las cosas que estás diciendo, posiblemente necesites hacer una pausa uno o dos minutos; déjame repetir lo que acabo de escuchar para que sepas que de verdad estoy escuchando; luego permíteme hacer una pregunta o dos para aclarar lo que acabas de decir. Eso funciona mejor que los largos monólogos de información importante que no deseas que se pierda. ¿Es coherente?

»De verdad amo a tu madre y desearía que ella pudiera visitarnos con más frecuencia. ¿Y te dije cuánto me gustan tus zapatos? Eres muy buena compradora y desearía que gastaras más dinero en ti misma».

O:

«Querida, me encanta escucharte hablar. Tu voz es una de las cosas de las que me enamoré —junto con las demás partes— cuando comenzamos a salir. Pero...

»Necesito descargar un poco de mi día. Y sabes que cuando te descargas, yo intento al instante arreglarlo dándote consejo acerca de qué hacer o no hacer. Bueno, siento hacerlo a veces; soy hombre. Debo arreglar cosas. Estoy intentando cambiar eso en mí. Pero necesito que me permitas hablar y sacarlo todo, de manera que no pierda mi tren de pensamientos antes de que tú intervengas. Luego, cuando necesite tu consejo acerca de algo en particular, te haré una pregunta específica.

»¿Te he dicho últimamente que tal vez seas la mejor cocinera del planeta y que sin ti, literalmente estaría muerto? De verdad me gusta el color que tenemos en las paredes de la cocina. ¡Deberías ser decoradora de interiores!».

(No, no tiene que exagerar con el método del sándwich, pero sé que los hombres necesitamos ejemplos prácticos. No tienen costo extra. De nada.)

Si usted no aclara las expectativas tranquilamente cuando se trata de conversaciones de dos vías, en esencia está esperando que ella le lea la mente. ¿Cómo funciona cuando ella espera eso de usted? ¡Exactamente! Nunca funciona.

De manera que si usted necesita que ella escuche y todo lo que ella desea hacer es escuchar su propia voz, usted posiblemente necesite encontrar una manera de poner en pausa la conversación, decirle lo que necesita en ese momento en particular y esperar a que ella pueda escuchar.

Si desea ser su héroe a largo plazo, la meta debe ser ayudarla a ser mejor oyente sin avergonzarla ni menospreciarla. Aunque la mayoría de las mujeres apoyan a los demás por naturaleza y por ende son buenas para escuchar, algunas no recibieron el gen y nunca tuvieron el ejemplo en su niñez. Al ayudarla con amor a escuchar sus necesidades, usted está protegiendo su matrimonio en el camino de la vida y el amor.

6

Acción 4: Hágalo en grande con cosas pequeñas

Dos hombres caminan sobre un puente a unos tres metros del río. Ambos necesitan orinar. Mientras están en sus asuntos, uno le dice al otro: «Caramba, ese río está muy frío». El otro hombre, sin perder el ritmo, responde: «Sí, y también es muy profundo».

Los chistes sobre el «tamaño» comienzan a edad temprana y aparentemente nunca envejecen. Cuando mi papá tenía setenta y tantos años, la enfermedad de Parkinson lo debilitó. Pero continuaba teniendo humor. Recuerdo que un día se arrastró hacia un urinario bajo y dijo: «Utilizo este, porque necesito un poco más de distancia». Esto venía de un hombre que babeaba y que ya no podía caminar solo. Papá sabía cómo hacerme reír; él simplemente estaba jugando una broma cultural masculina acerca del tamaño. Los hombres están condicionados a creer que el tamaño importa.

Quiero dejar las cosas claras. En lo que respecta a su relación con su esposa, el tamaño no importa. Todas las investigaciones señalan el hecho de que las mujeres lo prefieren pequeño. Esto puede ser un alivio para los que se encuentran dentro del noventa y nueve por ciento, y posiblemente esté pensando: *Gracias, Dios. Qué alivio.* Lamentablemente para usted, ¡no me estoy refiriendo a *eso*!

Las mujeres prefieren que su esposo se vuelva profesional en dominar los pequeños pero importantes actos de servicio, que son los tabiques para cualquier matrimonio fuerte. Los pequeños actos de bondad, servicio e iniciativa contribuyen a sumar a una gran cosa.

Estoy convencido de que la mayoría de los matrimonios que se han separado, lo han hecho porque uno o ambos cónyuges dejaron de hacer las pequeñas cosas valiosas.

Usted puede estar tentado a pensar: *Doug, tengo serios problemas en mi matrimonio, ¿y tú estás contando chistes juveniles y diciéndome que haga cosas pequeñas? Necesito hacer algo que produzca un cambio o mi matrimonio estará en un verdadero mundo de dolor.*

Lo comprendo. Pero esta es la verdadera historia: la negligencia en cuanto a hacer cosas pequeñas es muy probable que sea lo que llevó a los grandes problemas, sin embargo ¡las pequeñas cosas *sí* pueden llevar a un gran cambio!

Recientemente me reuní con un amigo que me dijo: «Mi matrimonio está en problemas. Solía ser muy bueno, pero he observado que dejamos de hacer las pequeñas cosas básicas que alguna vez fueron importantes. ¿Qué crees que debamos hacer?».

Hubiera sido fácil sacar rápidamente la respuesta automática: «Vayan a terapia». A veces la terapia es una buena idea.

Pero en este caso, mi amigo en realidad sabía el *porqué* de la causa de su matrimonio en deterioro, de manera que la respuesta era obvia: «¡Comiencen a hacer las cosas pequeñas!».

Las pequeñas acciones básicas a menudo son la clave del éxito en el matrimonio. Cuando dejamos de hacerlas, nuestro matrimonio termina en lugares a donde nunca pensamos llevarlo. Piénselo de este modo: si un barco emprende un largo viaje un grado fuera de trayectoria, con el tiempo terminará perdiendo radicalmente su destino. Esa es una metáfora perfecta de lo que sucede en el matrimonio cuando faltan los *pequeños actos*.

Cuando he aconsejado a parejas mayores en problemas, que tienen una veintena de años en su matrimonio, invariablemente señalan los primeros años del mismo, cuando uno (a menudo ambos) se salió del rumbo una sola coordenada. Y luego de más de veinte años de estar sin rumbo por una sola coordenada, no solamente están en planetas diferentes, sino en sistemas solares distintos. Esos matrimonios requerirán mucho trabajo para retornar a donde los cohetes pueden volar de nuevo en tándem. Más que eso habría sido si hubieran comenzado antes haciendo pequeños actos de servicio y haciendo correcciones menores en la senda para mantener el camino hacia sus destinos deseados.

Cuando del matrimonio se trata, algunos han perdido su destino porque han descuidado los pequeños actos en cuanto a servir a su cónyuge. Mi consejo es que cambie el rumbo y comience a hacer las cosas pequeñas —con regularidad—, y encontrará que su matrimonio estará de camino a volverse más fuerte y sano. Yo sé que eso es verdad, porque cada relación que he visto triunfar está alimentada de actos de servicio sacrificial. Servir a la otra mitad de su corazón es una señal de profundidad y conexión.

Ahora, si soy completamente sincero conmigo mismo (y con usted), tendré que admitir que servir a los demás (incluso a mi esposa) no surge de manera natural. Mi primer instinto casi siempre es esperar a que los demás me sirvan. Esa postura es la que más prefiero. (Posiblemente sea por lo que me encuentre en espera con frecuencia.) No creo que sea el único. Tengo la intuición de que soy muy parecido a la mayoría de los hombres. Por lo que si vamos a servir a nuestra esposa, el primer paso es reconocer que nuestra inclinación y preferencia es el egoísmo.

Así que, por favor, repita después de mí:

YO: «Soy severamente egoísta».
USTED: «Soy severamente egoísta».

Ahí está. ¿No se siente mejor? Sé que sí.

Una vez que hemos enfrentado esta espantosa verdad acerca de nosotros mismos podemos comprender que algo en nuestro interior necesita cambiar.

Definición de *cambio*: una experiencia de humildad que podemos tener internamente antes de que alguien tenga que decírnoslo o que nuestras acciones nos saboteen, por consiguiente, sin provocar vergüenza frente a la esposa o los amigos y, de hecho, que estimula la admiración de dicha esposa y de los demás, porque ellos ven la madurez en acción. O, *cambio*: una experiencia de humildad que puede golpearnos la cabeza luego de haber permitido que nuestro orgullo se afirme hasta que nuestras acciones egoístas y adolescentes se vuelvan evidentes para todos, y tengamos que humillarnos de todos modos si deseamos salvar las relaciones que más nos preocupan.

Es una difícil elección.

El desafío para tomar la decisión adecuada acerca de cómo cambiaremos es el siguiente: ¡el egoísmo es demasiado fácil! No tenemos que ser inteligentes para ser egoístas. Solo necesitamos estar respirando.

Si por casualidad usted es un cristiano de aquellos más santos que los demás, supérelo. No lo es. Solo porque sea cristiano o lo haya sido mucho tiempo, no significa automáticamente que ha dominado y acabado con todo el egoísmo.

Es tiempo de sincerarse.

Esto es lo que Jesús tuvo que enseñarles continuamente a sus seguidores más cercanos:

Ustedes saben que los gobernantes de este mundo tratan a su pueblo con prepotencia y los funcionarios hacen alarde de su autoridad frente a los súbditos. Pero entre ustedes será diferente. El que quiera ser líder entre ustedes deberá ser sirviente, y el que quiera ser el primero entre ustedes deberá convertirse en esclavo. Pues ni aun el Hijo del Hombre vino para que le sirvan, sino para servir a otros y para dar su vida en rescate por muchos. (Mateo 20.25–28)

Yo creo que la decisión que Jesús tomó de utilizar la palabra *esclavo* resulta interesante. En nuestra cultura, *esclavo* conlleva una connotación sumamente negativa, porque los esclavos eran cautivos de un sistema humano maligno. Pero en el sistema espiritual de Jesús, nosotros no somos cautivos ni forzados a servir contra nuestra propia voluntad. Somos libres para elegir qué hacer. No obstante, a través del ejercicio de esta libertad, escogemos servir como una demostración de nuestro amor por Dios.

De manera que la clave para una mejor relación con su esposa comienza al resolver la batalla que hay en su interior, luchar con la pregunta: ¿obedeceré a Jesús y serviré, u obedeceré lo que venga naturalmente y me serviré a mí mismo?

Podemos hablar todo lo que queramos acerca de amar a nuestra esposa, pero la verdadera prueba no se encuentra en nuestras palabras. No se encuentra en lo que pasamos en un fin de semana de paseo con los niños; tampoco se encuentra en algo brillante que compramos, porque pensamos que una compra *grande* compensa habernos perdido muchos pequeños actos de servicio. La verdadera prueba se encuentra en nuestras acciones. Un grandioso versículo bíblico que capta este concepto dice: «Queridos hijos, que nuestro amor no quede sólo en palabras; mostremos la verdad por medio de nuestras acciones» (1 Juan 3.18).

Permítame inmiscuirme en su vida un minuto y hacerle un par de preguntas: ¿cuándo fue la última vez que sus acciones mostraron cuánto ama a su esposa? ¿Cuándo dejó lo que estuviera haciendo para hacer el esfuerzo de llevar a cabo lo que era inconveniente e incómodo con el fin de servir a su esposa, y lo hizo sin refunfuñar ni quejarse (y sin esperar «recompensa»)?

La forma en que responda esas preguntas es una buena herramienta que usted puede utilizar para evaluar cómo le está yendo en el área del servicio. Tenga en mente que una relación que contiene «servir» en la ecuación, no tiene que ver con las cosas grandes. Al contrario, se trata de las cosas pequeñas.

Una noche, me dirigía a la cama y observé, mientras pasaba por la mesa de la cocina, que Cathy había dejado abajo su teléfono. Ella estaba arriba alistándose para dormir. Dos pensamientos me vinieron a la mente: (1) Ella desearía su teléfono, porque depende de la alarma en la mañana. (2) Si yo no se lo llevaba, ella tendría que salir de la cama una vez que se diera cuenta de que lo dejó abajo. Por lo que me enfrenté con la pregunta: ¿qué debería hacer Doug Fields? *Por un lado*, pensé, *le vendría bien levantarse y bajar para recogerlo ella misma. Después de todo, ella pudo haber recogido mi vaso de Coca de dieta de su coche, ¡y todos sabemos cómo salió eso! Por otro lado, yo podría decidir aquí y ahora mismo servirle en esta pequeña forma al subirle su teléfono, para que no tenga que recuperarlo más tarde.* Al final hice lo correcto. En verdad, fue un pequeñísimo acto que no me tomó esfuerzo alguno de mi parte. Pero Cathy estuvo *muy* agradecida porque yo le hice ese minúsculo acto de servicio.

Los grandes actos en los que usted pueda sentirse tentado a pensar —comprarle un coche, joyas o un atuendo, o unas costosas vacaciones— no requieren de que usted sea siervo. Lo que es más fortalecedor para una relación no son los actos extravagantes ocasionales y únicos, sino la infinidad de pequeños actos.

Las pequeñas acciones que pueden ayudar a hacer grandes diferencias en su relación están en todos lados, esperando por suceder:

- Salir a cenar donde *ella* desee ir.
- Conocer su estación de radio favorita y sintonizarla cuando ella esté en el coche con usted.

- Llevar a casa su bebida favorita... solo porque sí.
- Salir de la cama y apagar la luz cuando ella fue la última en acostarse.
- Ayudarla a encontrar las llaves cuando las ha perdido.
- Ayudarla a acomodar la despensa.
- Darle el último bocado de su almuerzo.
- Hacer algunas de sus tareas normales sin que se lo pida.
- Ofrecer un: «Déjame ir por lo que te falta».
- Ofrecerse voluntariamente: «Sé que hoy te toca llevar a los niños a la escuela, pero déjame hacerlo».

Aquí tenemos un consejo adicional: no ofrezca llevar a cabo un acto de servicio para su esposa y luego sugiera que ella haga algo más a cambio. No confirmaré ni negaré que algo de eso haya pasado en mi casa, pero le sugiero que no diga:

- «Déjame lavar los trastes para que puedas ir a correr y quemar las calorías de lo que te acabas de comer».
- «Yo jugaré con los niños. Así puedes ir a limpiar el asqueroso retrete de nuestro baño».
- «Luces sudorosa. ¿Qué te parece si llevo a los niños a la cama para que te puedas duchar? Cuando termine, voy contigo».

Esto es alentador: usted puede llevar a su matrimonio de vuelta al camino si domina el arte de hacer las cosas pequeñas. Como todo lo que he mencionado en los capítulos anteriores, esto también requiere de práctica. Comience hoy a llevar a cabo al menos un pequeño acto sacrificial de servicio para su esposa. Luego intente hacer uno cada día. A medida que haga las cosas pequeñas se volverán parte de su rutina diaria; le aseguro que su esposa no pensará que usted apesta tanto.

Y usted *continuará* de camino a ser su héroe.

6B

MÁS DE LA ESPADA PARA QUE
«LLEGUE AL PUNTO»

¿Quién sirve más en su relación? ¿Quién está haciendo más cosas pequeñas para mantener el hogar en orden, los niños bajo cuidado y la comida preparada en la mesa?

Si responde con sinceridad a esa pregunta y aún dice «yo», bueno, usted es mejor hombre que yo. Pero si de inmediato optó por: «Bien, me voy de nueve a diez horas al día a hacer la masa para que ella pueda hacer el pan y hacer todas esas cosas de siervo», entonces me gustaría que hiciera un breve estudio bíblico acerca de la servidumbre. De hecho, podemos comenzar ahora con los cuatro pasajes que siguen.

Primer pasaje: «Porque el Hijo del Hombre no vino para ser servido, sino para servir, y para dar su vida en rescate por muchos» (Marcos 10.45, RVR60).

Este es un pasaje que le pone fin a la discusión. Si nuestro objetivo es ir por este campo de entrenamiento de la vida para aprender cómo ser más parecidos a Jesús, entonces estas son las tareas a realizar. No, no tenemos que dar nuestra vida en rescate por muchos. Solamente él tuvo que hacerlo. Pero toda su actitud era de servicio, no de ser servido. Usted no se parecerá más a Jesús sino cuando sirva.

No necesita al doctor Phil para darse cuenta rápidamente de que ese derecho es el asesino de las relaciones. Piense en la gente del trabajo, la iglesia, la universidad... usted sabe, aquellos tipos que piensan que el mundo les debe un gran trabajo, mucho dinero y bastante tiempo libre. La gente de nuestro mundo que se siente con derechos son las personas más egoístas del planeta. Y las más infelices. Nada les satisface, se aburren de todo y solamente ocupan su cerebro para pensar en sí mismos. Si todas las personas infelices del mundo hicieran una cosa —encontrar una manera de servir a alguien además de a sí mismos— es muy probable que dejen de ser infelices.

Servir a los demás nos libera de la prisión de nuestro egoísmo. De hecho, llegaré a decir que es la *única* llave que desata la verdadera felicidad en cualquier relación.

¿Por qué?

Esa fue la llave que Jesús utilizó cuando vino a este mundo. «El Hijo del hombre no vino para ser servido, sino para servir».

Segundo pasaje: «Cada uno según el don que ha recibido, minístrelo a los otros, como buenos administradores de la multiforme gracia de Dios» (1 Pedro 4.10, RVR60).

¿Qué dones tiene usted? Pensemos un momento en otros dones aparte de los comunes. Usted tiene...

- el don del tiempo,
- el don de saber lo que su esposa necesita para hacer mejor su mundo y tenerlo en su poder para darlo

- y el don de ser un hombre seguidor de Cristo que comprende el poder del servicio dentro de una relación. (¿Verdad?)

La mayordomía fiel de un esposo dentro de su matrimonio inquiere constantemente: «¿Qué puedo hacer por ella?». Aún más, usted puede preguntar: «¿Qué puedo hacer por la otra mitad de mi corazón?».

Tercer pasaje: «Sirviendo de buena voluntad, como al Señor y no a los hombres, sabiendo que el bien que cada uno hiciere, ése recibirá del Señor» (Efesios 6.7–8, RVR60).

Todo el servicio se resume en servir a Jesús. De manera que posiblemente sea tiempo de que cambiemos la pregunta de: «¿Cómo puedo servir a mi esposa?», a: «¿Cómo puedo servir a Jesús en esta relación?». Y si servimos con las intenciones correctas, tenemos prometida alguna clase de recompensa. La recompensa no es el objetivo, desde luego, pero parece que sí promete que nuestro servicio no es en vano. ¿Fue en vano el servicio de Cristo al planeta? No. ¿Fue difícil? Sí. ¿Valió la pena? Un gran sí.

Si servimos al Señor, le dejamos a él la distribución de las recompensas. Nuestra recompensa es (finalmente) aprender lo que significa hacer lo que Jesús haría.

Cuarto pasaje: «Si alguno me sirve, sígame; y donde yo estuviere, allí también estará mi servidor. Si alguno me sirviere, mi Padre le honrará» (Juan 12.26, RVR60).

No es que yo tenga una profunda necesidad de ser honrado por Dios. De hecho, sé lo que está en lo profundo de mi corazón, cuánto necesito a un Salvador y que el egoísmo surgirá tarde o temprano, pero también sé que seguir a Jesús en esta vida es servirle con sinceridad. Eso significa servir a la persona más importante de mi vida como serviría a Jesús si pudiera verlo y tocarlo.

Si usted todavía piensa que el aporte al matrimonio es mitad y mitad, que está haciendo su parte y que ella necesita hacer el resto, entonces posiblemente no haya esperanza para usted. Si no alcanza a pensar que el aporte a su matrimonio es el cien por ciento (cien cada uno), entonces sus sentimientos serán heridos tarde o temprano.

Y si de camino a casa del trabajo, en el momento que se coloca frente al volante, usted se preguntara: *¿Qué puedo hacer para servir a mi esposa y a Jesús en el momento que me cambio de ropa y comienzo a convivir con mi familia?*

¿Qué le parece eso?

Puede ser abrazar a los niños, pero después pedirles que salgan a jugar durante quince minutos mientras usted escucha a su esposa y le da un masaje en los pies. Es probable que ella no haya tenido una conversación adulta en el día, le garantizo que la necesita. Sírvale al escucharla (si se saltó el capítulo 5, o ya se le olvidó, léalo ahora).

Podría ser una llamada, preguntándole si desea que recoja algo. Sírvale al ahorrarle un poco de libertad ininterrumpida.

Podría ser una invitación para encargarse de los niños a fin de que ella pueda salir de la casa para hacer algo que ha deseado hacer todo el día. Sírvale al permitirle salir.

Podría ser simplemente sacar de la casa a los niños durante una hora, mientras ella crea (o compra) algo para la cena. Sírvale dándole la oportunidad de hacer algo que llene su tanque.

¡Y todo eso lo puede hacer en los primeros treinta minutos después de llegar a casa del trabajo! Solo imagine lo que podría suceder en los fines de semana cuando tenga todo el día.

El matrimonio y la familia *tienen que ver con* usted. Pero no se trata de holgazanear cada vez que piense que lo necesita. No se trata de toma y daca (si yo hago *esto*, entonces ella tendrá que hacer *eso*). En realidad, se trata de recordar que ser un siervo para ella, ser su héroe, no termina cuando llega a casa del trabajo. Probablemente solo sea el comienzo.

Bienvenido al matrimonio. Bienvenido a parecerse más a Jesús. Bienvenido a la vida más plena y maravillosa que ha imaginado. Bienvenido a ser su héroe.

Acción 5: Sea liberal con el toque... ¡Pero no de *esa* manera!

E
s probable que para algunos de ustedes sea noticia, pero existe algo como el contacto no sexual. No es ficción; es real. Y, hombres, hay evidencia convincente de que esta loca idea del contacto no sexual puede practicarse en *verdad*. Igualmente existe bastante evidencia convincente de que muchos de los hombres no nos sentimos muy felices al respecto. Parece que la mayoría de los hombres favorecen el contacto sexual y preferirían dejar lo *no* sexual para los exámenes de próstata.

En el capítulo 4 mencioné que en muchos matrimonios, las esposas están ávidas de aliento y afirmación. Además, permítame añadir y afirmar que muchas esposas también están ansiosas por la *piel*.

Los científicos del comportamiento han acuñado el término *hambre de piel* para describir lo que sucede cuando se priva a la gente del contacto. La piel de las personas que padecen *hambre de piel* en realidad está hambrienta de afecto —padece hambre, está famélica, tiene apetito de algo y deseo de contacto físico—.

Chicos, nosotros podemos ser bastante tontos en cuanto a esta realidad. Pensamos que si tenemos sexo con regularidad, nuestra esposa está obteniendo la atención física que necesita. Yo solía ser bastante tonto en este aspecto también, pero practiqué y mejoré.

Cuando Cathy y yo celebramos nuestro primer aniversario, tuvimos una importante conversación en la que revisamos ese periodo. En algún momento de la discusión, ella hizo el comentario: «Me gustaría que me abrazaras más tiempo. No eres muy bueno para abrazar». Me quedé anonadado y mostré tal emoción con una mirada de genuina confusión. Ella dijo: «No estoy hablando de los abrazos que esperas que lleven a algo. Esos te salen muy bien. Estoy hablando de abrazos no sexuales».

Sinceramente, yo no sabía que existiera tal cosa. Yo interpretaba cada contacto como sexual. Cuando ella accidentalmente me rozaba al acercarme al refrigerador, yo asumía que ella *lo deseaba*. (Recuerde que yo era recién casado, ¿qué iba yo a saber?)

Ella hizo una observación que penetró en mi cerebro y en mi corazón: «En verdad, valoraría un poco de afecto en el que no asumieras que es previo al sexo».

Ay. Ella tenía razón y entendí el mensaje. Desde entonces, he llegado a llamar a ese tipo de contacto *afecto sin intención*.

Yo tuve que contenerme por completo. E inmediatamente comencé a practicar. Llegaba a casa del trabajo y hacía que mi objetivo fuera abrazar a Cathy durante treinta segundos... sin un plan sexual. Fue difícil abrazar a mi esposa y que no me atrapara revisando mi reloj para ver si habían acabado los treinta segundos. Era algo muy pequeño, pero se volvió algo muy importante para Cathy.

Y hay una ventaja para todos los sabuesos sexuales: con los años, he aprendido que los hombres que le proveen a su esposa mucho contacto no sexual, a menudo se dan cuenta de que su vida sexual mejora de igual manera. ¿Qué más querríamos?

POR QUÉ EL CONTACTO NO SEXUAL ES TAN IMPORTANTE

En primer lugar, el contacto o roce es un requerimiento biológico primordial para los humanos. Se han hecho bastantes investigaciones acerca de lo que sucede cuando los bebés no obtienen suficiente contacto humano. La ciencia nos dice que si no hay contacto adecuado durante los primeros años del niño, hay una serie de consecuencias predecibles cuando este alcance la adultez. Los resultados, tales como una capacidad reducida de habilidades relacionales y sociales, no son buenos. No son buenos para la persona y, definitivamente, no lo son para el matrimonio.

Por otro lado, cuando una persona está expuesta a mucho contacto en la niñez, eso vitaliza su vida y tiene resultados en los años de adultez.

Enfrentémoslo: a todos nos encanta un masaje en la espalda, ¿verdad? ¿Por qué? Porque nuestra piel se siente saludable con el contacto, respondemos con calidez emocional a aquellos que nos tocan. Cierto, esto puede resultar problemático (y completamente vergonzoso) si no sabemos cómo establecer límites con nuestros masajistas. Pero cuando nuestro cónyuge está tocándonos, ¡es algo maravilloso!

De vez en cuando, al encontrarme en un restaurante, observo que una mesera coloca su mano en el hombro de un cliente. Posiblemente usted también haya visto esa técnica. Tal vez le haya pasado a usted. ¿Se ha preguntado por qué una mesera haría eso? ¿Está atraída al cliente o a usted? No. Nada que ver. Lamento romper su burbuja. La mesera toca al cliente porque las investigaciones le han mostrado que el cliente le dará más propina. El contacto proporciona una *conexión emocional* entre ambos, que a menudo es seguida por una sustracción económica del cliente. ¡Todo tiene que ver con el poder del contacto!

Phyllis Davis escribió en su libro *The Power of Touch* (*El poder del tacto*): «Algunas personas confunden el hambre de piel con la agitación, el deseo sexual, la soledad y el hambre estomacal. Hacemos todo lo posible por satisfacer el hambre de nuestra piel, sin siquiera darnos cuenta de que eso es lo que necesitamos. Intentamos satisfacerla con comida, drogas, entretenimiento, enterrándonos en el trabajo, en las conversaciones, en las actividades o con la promiscuidad. No obstante permanece este deseo de la forma más básica de comunicación: el tacto».[1]

Aquí, todo el tiempo, cuando le daba una palmada en el trasero a su compañero luego de hacer una buena jugada, usted pensaba que era simplemente una demostración cultural de camaradería masculina. ¡Ahora resulta que la ciencia nos dice que simplemente le gustaba tocar y ser tocado!

En segundo lugar, el contacto no sexual es importante porque el contacto físico, como lo hablamos en el capítulo 3, es uno de los cinco lenguajes de amor principales. Es una de las maneras primordiales en que su esposa siente y recibe amor y valor.

Sensible no nos describe a la mayoría de los hombres. Lo comprendo. También entiendo que a muchos matrimonios no les está yendo bien y que una de las razones es que las esposas están hambrientas de afecto físico (no sexual) de aquel con quien son uno. Si usted se piensa como un hombre varonil y todo lo sensible amenaza su masculinidad, tengo este pequeño y valioso consejo para usted: ¡supérelo! ¡Ahora!

Pero tampoco se exceda. Existe una fina línea entre el toque afectivo no sexual y el sexual. Y la verdad es que los hombres no somos muy buenos para identificar en dónde se encuentra la línea. Usted puede pensar que es sensual llegar y manosear las partes importantes del cuerpo de su esposa. Pero he llevado a cabo un estudio detallado en mujeres, y el cien por ciento ha dicho que su manoseo no las enciende. Por lo tanto, ¡deténgase, tocón!

En vez de eso, tome de las manos a su esposa mientras salen a caminar. Acaricie sus pies mientras ella está mirando televisión. Coloque su brazo alrededor de ella en la iglesia. Jugueteen con los pies en un restaurante. Bésela en la mejilla mientras está durmiéndose. Masajéele la espalda cuando usted despierte en la mañana. Todos esos toques no sexuales comunican amor y valor. Su cuerpo lo necesita, pero más importante aún, su corazón también.

Cómo afecta el hambre de la piel a su matrimonio y su vida sexual

A la mayoría de las mujeres, el contacto no sexual les ayuda a ganar una sensación de conexión con su esposo. Esta conexión lleva a la excitación. Los hombres desean ser tocados en maneras sexuales. Nosotros no necesitamos que nos toquen para excitarnos. Simplemente necesitamos oxígeno.

Yo le he dicho a mi esposa que siempre estoy listo para el sexo y ella no tiene que preguntar: «¿Lo deseas?». Yo le digo: «¡Ahórrate esas dos palabras y comienza a desvestirte! Yo sabré a qué te refieres». Lamentablemente para nosotros, las mujeres no están conectadas como nosotros. Para ellas, el toque es una parte vital para lograr intimidad emocional.

¡Para el hombre, la meta final del toque es el orgasmo! (El nuestro.) Este es un chiste que la mayoría de los hombres comprenden:

PREGUNTA: «¿CUÁNTOS ORGASMOS SE NECESITAN PARA QUE UN HOMBRE SATISFAGA A UNA MUJER?». RESPUESTA: «¿A QUIÉN LE IMPORTA?».

Para la mayoría de las mujeres, el objetivo del toque no es el orgasmo. El objetivo es la conexión y la marcha que lleva a esta.

En el libro, *Intimate Behavior* (*El comportamiento íntimo*), el autor Desmond Morris menciona los pasos universales bastante definidos desde el cortejo hasta la intimidad, los que aparecen en la mayoría de las culturas.[2] Aunque han existido durante muchos años, es útil verlos escritos. Estos doce pasos solían tomar un tiempo, pero ahora la evolución puede avanzar con bastante rapidez:

1. Ojo a cuerpo.
2. Ojo a ojo.

3. Voz a voz.
4. Mano a mano.
5. Brazo a hombro.
6. Brazo a cintura.
7. Boca a boca.
8. Mano a cabeza.
9. Mano a cuerpo.
10. Boca a pecho.
11. Mano a genital.
12. Genital a genital.

Esta es la clave para comprender mejor: para las mujeres existe una participación emocional en *cada paso*, y cada paso *fortalece* su apego relacional. Por otro lado, la mayoría de los hombres no necesitan primero once pasos. De acuerdo con ellos, estos no son productivos. Los hombres no necesitan conexión. Necesitamos el paso 12 (¡mucho!), por lo que el género femenino a menudo percibe que solo tenemos una idea en la cabeza. Probablemente haya escuchado el dicho: «Todos los hombres son cerdos». Lamentablemente para nosotros, como con la mayoría de los dichos, al menos hay una parte de verdad en eso.

De vez en cuando voy a andar en bicicleta montañera con algunos amigos. Un día, estábamos montando en la calle antes de salir en ruta, y pasamos a una mujer de treinta y tantos que caminaba sobre la acera. Era atractiva y estaba vistiendo lo que parecía ser la ropa de su hija. Piense en ropa de niña pequeña. Todos la observamos; era imposible *no* hacerlo. Aun así, un tipo del grupo —gerente general de cuarenta y tantos años, y padre de tres— enloqueció al calor del momento y lanzó un anticuado silbido de admiración: «¡Fiuu-fiuuuu!».

¿De dónde salió eso? Yo no podía recordar la última vez que escuché a un hombre silbarle a una mujer. Como dije, todos observamos a la mujer, pero el autocontrol de ese cabeza de chorlito desapareció —creo que fue porque estaba con otros hombres—, y le silbó. ¿Le diría usted *patán*?

Chicos, ¿en qué momento de la historia de la humanidad ha funcionado ese método? ¿Cuándo una mujer ha sido halagada por un montón de ciclistas sudorosos o por trabajadores obesos de la construcción que le silban o abuchean, y ella se detenga, sonría y diga: «Ah, ¡gracias! ¿Quién silbó? ¡De acuerdo, amigo, olvidemos los pasos del 1 al 11: nos vemos detrás del edificio anexo y vayamos directo al paso 12!».

Le diré cuándo sucedió eso: *¡nunca!*

Hombres, nos enfrentamos al desafío de vencer al *gruñido de cerdo* biológico que está en nuestro interior. (Creo que *gruñido de cerdo* es la palabra griega para *cerdo*, pero podría equivocarme.) Las mujeres no enfrentan ese mismo desafío. Para nosotros, el apego y la conexión emocional con nuestra esposa sucede *luego* del paso 12, por lo que un hombre puede estar en medio de una pelea con su esposa y de pronto detenerse y decir: «¡Solo tengamos sexo y estaremos bien!». Para el corazón masculino, *el acto* brinda una conexión emocional.

Necesitamos aferrarnos a la realidad y comprender que para nuestra esposa la marcha por los pasos 1 al 11 es lo que las lleva a ese duodécimo y último paso. Si evitamos tales pasos, la conexión y el apego no están ahí para nuestra esposa, la intimidad emocional se pierde y el sexo pierde su importancia para ella. Ella puede tolerarlo y «sacrificarse por el interés común», pero eso tiene poco valor.

Esa falta de conexión, apego e intimidad es por lo que muchas parejas se aburren con su vida sexual.

Ella dice: «Él no busca apego ni intimidad emocional».

Él dice: «Ella no abre las piernas».

Ella se siente «utilizada» y se desconecta.

Él se vuelve pasivo-agresivo y se va a la pornografía.

Yo comprendo que mucha gente puede no estar de acuerdo conmigo en esto, pero además de la avalancha temporal de adrenalina que funciona como una dosis de dopamina inducida por cocaína, creo que el incremento que vemos en el uso de pornografía en los hombres casados en la actualidad está directamente relacionado con su falta de relaciones sexuales con su esposa. En lugar de trabajar en la vida sexual de uno, a menudo es mucho más fácil satisfacerse rápidamente con pornografía. Siempre está a un clic de distancia.

Si usted está involucrado en pornografía, permítame decírselo claramente: las aventuras visuales que está teniendo pueden darle placer rápido e inmediato, pero están destruyendo su matrimonio. Esto no se debe a que su esposa esté consciente de sus comportamientos (aunque es probable que lo sepa), sino a que usted está conformándose con menos de lo mejor de su matrimonio y de su corazón. La pornografía es sexo artificial. Es como llenarse de comida chatarra cuando Dios le ha preparado un banquete para que se dé un festín.

Por el bien de su matrimonio, trabaje en su vida sexual *con su esposa*. En definitiva, posiblemente tenga que comerse un poco de su orgullo. Posiblemente tenga que admitir que no sabe todo acerca de sexo o de satisfacer a su esposa. Pero lo he dicho antes, practicar (con su esposa) hace las cosas mucho mejor.

¿Está dispuesto al desafío (por decirlo de algún modo)? Yo sé de hombres que se han comprometido a noventa días de mejora sexual. En primer lugar, se comprometen a alejarse de la pornografía o de la autosatisfacción. Ellos encuentran la responsabilidad que necesitan y aclaran su mente, construyen nuevos hábitos y se comportan como hombres en pureza. Sí, puede hacerse.

Luego, y esta es la parte difícil, si su esposa está dispuesta, ellos intentan mejorar sus habilidades. Mi suposición bien respaldada es que hay bastantes mujeres que desean que su esposo tenga más encanto en la cama, más deseo de enfocarse en ellas. La cultura actual, por si no lo ha notado, está criando más mujeres mejor dotadas para el sexo que hace veinte años. Estas mujeres *a veces* equiparan el sexo con la felicidad en la relación. Ellas no se avergüenzan de su nivel de conocimiento aparte de los movimientos de cadera, pero se frustran con el del hombre.

¿Qué sucedería si la mujer fuera adicta al orgasmo en lugar de usted? ¿Qué si cada vez que usted hiciera un movimiento su esposa supiera que va a tener más placer aunque usted no lo sepa? Este libro no es un manual de sexo, al menos no en la variedad técnica. Pero hay buenos libros por ahí. Si piensa que lo sabe todo y no desea mejorar, bien. Pero si no está convencido de que uno de los aspectos en cuanto a llegar a ser un solo corazón más rápido puede implicar satisfacerla a ella primero y siempre —al menos al punto en que esté convencida de que eso es lo que usted más desea—, entonces el sexo finalmente será un placer en deterioro.

Todas las mujeres son diferentes en esa esfera, pero el aspecto más desinteresado que ella notará de usted, si lo hace de verdad, está en la cama. Aunque usted no sea un lector, es de verdad divertido leer libros (hombres, no los videos) sobre este aspecto [cof, cof], no es que yo haya tenido que leer uno, desde luego [sonrisa].

PENSAMIENTO FINAL: HAY AÑOS DESÉRTICOS EN EL SEXO MARITAL

También se debe mencionar el sexo durante los años en que los niños nacen y van a la escuela. Lo siento. Simplemente no será lo que solía ser.

La clave en esos años llenos de falta de sueño, visitas importunas en la puerta y sin dinero para citas nocturnas o escapadas de fin de semana, es la comunicación. Solo porque la *libido* de ella esté baja, no significa que la suya lo esté. Pero más bien significa que lo que posiblemente era un viaje de júbilo dos o tres veces por semana, de pronto se vuelve en una tarea rutinaria pesarosa una vez por semana (o menos).

Esto es tan normal que está al borde de llegar a ser: «Espere que esto suceda, si no, es un tonto».

Lleguen a acuerdos que mantengan su cabeza clara. Mire. ¡Lo entiendo! Usted desea más sexo. ¡Lo sé! Lo tengo en mente mientras escribo este libro. Hasta cierto punto, no hay nada malo con ese deseo. Pero escúcheme: finalmente, lo que usted necesita de verdad es un matrimonio sano, no más sexo. No hay tal cosa como un matrimonio sano cuando su esposa está hambrienta de afecto no sexual, conexión emocional e intimidad —con usted—, y cuando estas cosas no están siendo satisfechas. Y no hay tal cosa como un matrimonio sano cuando el sexo solo se trata de usted o cuando no ha dominado el preocuparse por las necesidades sexuales *y* no sexuales de ella.

Si usted de verdad desea tener más éxito como esposo y mejorar su vida sexual a la vez, entonces póngase a trabajar para crear intimidad emocional con su esposa. Satisfaga el hambre de su piel. Sea liberal con el contacto no sexual. Comience a ofrecer mucho afecto sin intención sexual. Le garantizo que no se arrepentirá.

7B

Cuando la baja libido llama a su puerta

Yo diría que esto no sucede con tanta frecuencia, pero ocurre bastante seguido: a veces, el hombre es quien no logra encender motores.

Con o sin el contacto sexual o no sexual, la «parte principal» simplemente no funciona como la revista *Men's Fitness* dice que debería.

Definitivamente, ese no es usted. Pero pretendamos que usted tiene un amigo que podría necesitar ayuda en ese aspecto… algún día. Al leer estas cuantas páginas, usted tendrá un gran consejo que darle. Usted podría salvar su vida sexual y posiblemente su matrimonio. Usted será *su* héroe.

Cuando un hombre menor de cuarenta años no está intentando perseguir a su esposa al menos un par de veces por semana, es probable que algo esté sucediendo. Existen tres posibilidades.

Una: algo sucede por su lado. Sí, sé que esto es alarmante, pero los hombres casados lo hacen. Esta es la decisión potencialmente más alteradora y desalentadora que alguien puede tomar. Él podría echar al retrete toda su vida con un acto o un ciento de actos que solo necesitan ser descubiertos una vez. De cualquier manera, si hay algo con alguien más, es probable que él pierda el deseo por su esposa.

Dos: él tiene un problema con Internet. Ya hemos hablado al respecto, pero incluso un hombre viril de treinta años perderá algo de deseo si tiene su mano sobre el ratón o si toma duchas largas todos los días.

Tres: él no tiene idea de por qué no logra desempeñarse, pero algo no está funcionando. Estos son algunos asesinos de la libido:

1. **Demasiado peso.** Engordar significa que usted ha logrado crear muchos lugares en los que el suministro sanguíneo es esencial, generalmente su panza o su trasero. Cuando eso sucede, el río del flujo sanguíneo que conduce al pene se reduce a afluente. No solamente se vuelve más difícil completar, sino que el deseo disminuye igualmente.

2. **El alcohol.** Este es un sedante, amigo. Desacelera las cosas. Y aunque tal vez le haya dado valor a los veintitantos, para cuando lleguen los treinta y tantos, tiene el efecto opuesto que usted está buscando.

3. **Poco ejercicio.** De vuelta al flujo sanguíneo. El ejercicio incrementa la fuerza del corazón y el flujo cardiaco a cada parte de su cuerpo. Lo que es bueno para su cerebro es bueno en todas las demás partes.

4. **Nivel bajo de testosterona.** ¿Sabía usted que esto puede suceder luego de los treinta años? Y adivine qué: la falta

de ejercicio, los malos hábitos alimenticios y demasiado alcohol bajan el nivel de testosterona.

5. **Demasiado aporte de estrógenos.** Busque «alimentos que contienen estrógeno» en Google y se asombrará. Es probable que sea la mitad de su dieta (especialmente si usted es un bebedor de leche no orgánica). Sí, los hombres necesitan un poco de estrógenos, pero no demasiado. Cuando su cuerpo comienza a perder testosterona, eso le indica que es tiempo de morir. Cuando está viejo (o envejece antes de tiempo), la memoria falla (es el lugar del cerebro donde el suministro de sangre parece dejar de bombear), y con un bajo nivel de testosterona y demasiado estrógeno, las cosas dejan de trabajar en las formas que nos gustarían. Las cremas de testosterona (y cosas por el estilo) pueden ayudar a restaurar sus niveles. Pero antes de que recurra a cremas o al Viagra, practíquese un examen de sangre y evalúe sus niveles. Simplemente podría tener una proclividad genética a la testosterona baja.

La clave aquí es *ver a su médico.*

8

ACCIÓN 6: DEJE A UN LADO SU ORGULLO

*¡E*nfréntalo como hombre!

¿Recuerda haber escuchado esa frase cuando era niño? Generalmente se lo decían cuando tenía miedo de algo: una vacuna del médico, la azotaina de uno de los padres o un beso en la boca de la abuela que tenía un bigote *maléfico*. Era la consigna manipuladora cuando necesitaba persuasión para ir más allá de lo que le asustaba. *Vamos. Aguántate. Enfréntalo como hombre.*

Mi papá utilizaba una frase similar con frecuencia: *Sacúdetelo*. Yo la odiaba. Llegaba a la casa llorando luego de haber sufrido una lesión jugando fútbol, y papá decía: «Sacúdetelo. Enfréntalo como hombre». Yo respondía en medio de mis lágrimas: «Bueno, quiero sacudírmelo papá, pero se me está saliendo un hueso por la piel. Si me lo sacudo, en verdad se saldrá y seré menos hombre».

Ver cambios ocurrir en su propia vida y perseguir uno duradero en su matrimonio —la clase de cambio que lo convertirá en el héroe que su esposa está esperando— requiere de una cirugía con dimensiones divinas no aptas para chicos. Cirugía que le exige *enfrentarla como hombre*. Requiere que el niño se siente y se levante el hombre. Desde luego, no estoy hablando de una cirugía física.

Es peor. Se trata de una cirugía del ego.

Tal como un cirujano maestro, Dios está (más que) listo, (completamente) dispuesto y es (increíblemente) capaz de arrancar los tumores cancerígenos del matrimonio que se han desarrollado en su vida como resultado de los años en que usted ha perseguido orgullosamente el estereotipo cultural de lo que significa ser hombre.

Si se parece a mí (y apuesto a que es bastante similar), usted necesita una cirugía importante del alma que, francamente, *dolerá*. Por desdicha, no existe anestesia alguna para el alma, de manera que no hay forma de escapar del dolor que esta conllevará. Considérelo como una vasectomía o una circuncisión adulta.

Sin anestesia.

Eso, eso. Tranquilo. *Enfréntelo como hombre.*

Utilizo el concepto de la circuncisión, porque es tanto espiritual como físico. De hecho, la Biblia hace docenas de referencias a la circuncisión. Dios decidió utilizarla como una forma de identificarse con su pueblo. En el libro de Génesis leemos: «Dijo de nuevo Dios a Abraham: En cuanto a ti, guardarás mi pacto, tú y tu descendencia después de ti por sus generaciones. Este es mi pacto, que guardaréis entre mí y vosotros y tu descendencia después de ti: Será circuncidado todo varón de entre vosotros [...] Entonces tomó Abraham a Ismael su hijo, y a todos los siervos nacidos en su casa, y a todos los comprados por su dinero, a todo varón entre los domésticos de la casa de Abraham, y circuncidó la carne del prepucio de ellos en aquel mismo día, como Dios le había dicho» (17.9–10, 23, RVR60).

¡Ay! Si a usted le dieron de bebé el tijeretazo, probablemente no tenga el traumático recuerdo de perder su sombrero de piel. Si lo recuerda, espero que el dinero que repartió para la terapia haya ayudado a reducir la hinchazón emocional.

El pueblo judío honraba la práctica de la circuncisión. Era trasmitida de generación a generación. Lamentablemente, luego de la primera tanda de hombres que fueron recortados, los bebés varones eran circuncidados a los ocho días de nacidos para que no estuvieran tan grandes como para traumatizarse. Pero yo creo que cuando Abraham, que entonces tenía noventa y cuatro años, escuchó por primera vez el mandamiento de ser circuncidado, tuvo que estar pensando: *Ay, Dios. Estás bromeando, ¿cierto? ¿De verdad? Noé obtuvo la belleza de un arcoíris como señal de tu pacto. ¿Por qué cambiar el género conmigo? ¿Qué con eso de tener que rebanar mi salami? ¡Es tan injusto! ¿Considerarías mejor quitarme el meñique del pie?*

A menudo he divagado en todas las ideas que estuvieron a disposición de Dios (que lo sabe todo), ¿por qué se decidió por la circuncisión como una señal de su pacto? Es decir, ¿en serio?

Sin embargo, Dios tomó la decisión; la circuncisión fue su elección. Como resultado, millones de varones judíos fueron circuncidados para mostrar que eran el pueblo de Dios. La circuncisión era su tarjeta de identificación. Y aunque sea tan tentador, avancemos sin pensar *cómo* y *cuándo* tenían que mostrar su tarjeta de identificación los hombres (aunque me imagino que hubo algunos momentos vergonzosos al intentar entrar en una discoteca de Tel Aviv).

Avancemos unos dos mil años a la época de Jesús, cuando la circuncisión continuaba utilizándose para identificar a los judíos de los gentiles (es decir, *los no judíos*). El apóstol Pablo (un judío circuncidado) habló acerca de una clase diferente de circuncisión. Él subió las tijeras encima de la cintura: «Cuando ustedes llegaron a Cristo, fueron "circuncidados", pero no mediante un procedimiento corporal. Cristo llevó a cabo una circuncisión espiritual, es decir, les quitó la naturaleza pecaminosa» (Colosenses 2.11).

Otro pasaje de las Escrituras menciona que «la circuncisión es la del corazón» (Romanos 2.29; además, Efesios 2.11).

El plan de Dios para usted y para mí es que él circuncide —arranque— el pecado de nuestro corazón, para que en el tiempo adecuado luzcamos realmente diferentes; en realidad, comenzaremos a lucir mucho más como Jesús. Mire, el sueño que Dios tiene con nosotros no se trata de *algo* que persigamos; se trata de en *quien* nos convertimos.

La circuncisión del corazón significa que la intención de Dios es moldearnos a cada uno a la imagen (el carácter) de Jesús. Esto significa:

- menos de usted, más de Jesús,
- menos ira, más paz,
- menos yo, más servicio,
- menos apatía, más compasión,
- menos condenación, más perdón,
- menos orgullo, más humildad.

Dios, el gran Médico, desea llevar a cabo una cirugía que sane nuestra alma y nos vuelva hombres atractivos por dentro:

en el esposo por el que nuestra esposa ha estado esperando. Él puede *renovarnos*.

Así es como el apóstol Pablo describió la habilidad de Dios: «Vístanse con la nueva naturaleza y se renovarán a medida que aprendan a conocer a su Creador y se parezcan más a él. En esta vida nueva, no importa si uno es judío o gentil, si está o no circuncidado, si es inculto, incivilizado, esclavo o libre. Cristo es lo único que importa, y él vive en todos nosotros» (Colosenses 2.10–11).

La circuncisión física no importa en el nuevo pacto. Su identificación espiritual ya no se esconde en sus calzoncillos. El profeta Ezequiel, del Antiguo Testamento, predijo este cambio en la señal del pacto, cuando escribió: «Así ha dicho Jehová el Señor [...] Os daré corazón nuevo, y pondré espíritu nuevo dentro de vosotros; y quitaré de vuestra carne el corazón de piedra, y os daré un corazón de carne» (Ezequiel 36.22, 26, RVR60).

Por medio de Jesús, su identificación espiritual cambia cuando usted coloca en él su confianza y sigue sus caminos con su vida. Leemos al respecto en 2 Corintios 5.17 «Esto significa que todo el que pertenece a Cristo se ha convertido en una persona nueva. La vida antigua ha pasado, ¡una nueva vida ha comenzado!».

¡Hombres, esto es una gran noticia! Cuando nos humillamos y entregamos nuestra vida para que se alinee con Jesús, desatamos el potencial para convertirnos en los hombres que Dios deseaba. Pero como toda cirugía, la del alma es dolorosa. ¿Sabe usted dónde se encuentra el dolor más profundo?

Se encuentra al rendir su orgullo.

El orgullo es la *oficina central* del hombre para todo tipo de problema en nuestra vida: la ira, el conflicto, la actitud defensiva, el egoísmo, la necesidad de ganar, el deseo de ser notado y el impulso de probar nuestro valor.

En el matrimonio, el orgullo es igualmente desagradable.

El orgullo nos exige decir: «No necesito cambiar. Así es como soy».

El orgullo nos lleva a culpar: «¡Es culpa *de ella*, no mía!».

El orgullo nos tienta a reclamar superioridad: «Yo sé cuáles son los verdaderos problemas de nuestro matrimonio. Ella es demasiado sensible para hablar con claridad».

El orgullo es el tornado F5 en la escala de las relaciones. Tristemente, nuestra esposa es la casa rodante en nuestros caminos. El orgullo destruye más matrimonios que la infidelidad. El orgullo dice:

- «No me van a poner en evidencia».
- «No perderé esta discusión».
- «Nunca me disculparé por eso».
- «Yo no fui quien se equivocó en ello».

En caso de que continúe preguntándose si el orgullo es tan malo, observe lo que dice la Biblia acerca de adónde lo llevará:

El orgullo conduce a la desgracia. (Proverbios 11.2)

El orgullo termina en humillación. (Proverbios 29.23)

El hecho es que cuando mostramos orgullo, en realidad probamos cuán débiles somos. Los hombres orgullosos son solitarios, están paralizados y a la defensiva. Nunca lo admitiremos, desde luego, porque así es como funciona el orgullo.

Del orgullo a la humildad

Cuando permitimos que Dios circuncide nuestro orgullo, aparece algo muy poderoso y atractivo: la humildad.

La humildad es la antítesis del estereotipo masculino cultural. El orgullo se apresura violentamente (golpeando y pateando si es necesario) y arrogantemente, para ser el primero en la cima. La humildad no compite; se arrodilla.

Usted puede estar pensando: *Yo no nací para arrodillarme. Nací para dirigir, para tener éxito, para ser el maestro de mis dominios.* Lo comprendo. Pero esa es la *persecución* en su interior que está asomando otra vez su espantosa cabeza. Sí, arrodillarse parece ser bastante sumiso, y a los hombres no les gusta someterse a nada ni a nadie. La humildad luce debilucha y blanda. El personaje de Mel Gibson en *Corazón valiente*, nunca se arrodilló. Se pintó el rostro de azul y gritó: «¡Libertad!». El personaje de Russell Crowe en *El gladiador*, tampoco se arrodilló. Él levantó la espada y corrió hacia sus enemigos, gritando: «¡Témanle a mi vientre de cuadritos!». Eso se debe a que los gladiadores pelean, persiguen, conquistan y tienen a todas las chicas lindas, pero nunca se someten a nadie, ¿verdad?

Piénselo de este modo: cuando un guerrero regresa de una batalla y ve a su rey, se arrodilla. El guerrero se arrodilla no por debilidad, sino porque comprende *quién* es el rey. Se arrodilla voluntariamente y se somete a la autoridad superior.

Después de un juego de fútbol, el entrenador llama a los jugadores a reunirse y dice: «Hombres, arrodíllense». Los atletas obedecen, no porque sean débiles, sino porque saben que el entrenador tiene el mando. El entrenador tiene la sabiduría y el conocimiento para ayudar a los atletas a tener éxito.

La humildad no tiene nada que ver con la debilidad. De hecho, es justo lo contrario. La humildad es una demostración de fuerza cuando un hombre comprende por completo que Dios es Dios. La humildad fluye de una relación segura con Jesús, de la confianza de que Jesús es el Rey y el Entrenador principal, y del conocimiento de que sus caminos son confiables.

La humildad es una coraza pesada, y pocos hombres están dispuestos a colocársela, por lo que es una extraña cualidad del carácter entre nosotros. Su rareza también es una de las razones por las que las mujeres la aprecian tanto y la encuentran atractiva.

Si usted le permitiera a Dios circuncidar el orgullo de su vida, ¡qué gran impacto ejercería la humildad en su matrimonio! Considere estos ejemplos:

- La humildad le permite mantener cerrada la boca cuando usted es lastimado, de manera que su esposa no sea lastimada por el contraataque de las palabras y pueda experimentar paz en su vida más fácilmente.
- La humildad está de acuerdo con utilizar palabras que edifican a su esposa y no requiere toma y daca (el tipo de acuerdo de: «Si yo hago esto, tú harás aquello»).
- La humildad le permite hacerle preguntas a su esposa. Le permite escucharla sin tener que hablar más fuertemente que ella o tener la última palabra.
- La humildad le permite elegir la inconveniencia personal para que su esposa pueda experimentar comodidad.
- La humildad se niega a buscar represalias, ojo por ojo, contra su esposa y busca la reconciliación.

- La humildad le permite decirle a su esposa: «Lo siento, me equivoqué».
- La humildad le permite perseguir la resolución de los conflictos con ternura y resiste proteger su yo.
- La humildad le permite decirle a su esposa: «He sido un mal esposo. Ya no deseo apestar».

Los hombres humildes se vuelven maestros al hacer sentir bien a los demás. Los hombres humildes muestran amor auténtico. Ellos tienen un carácter que les permite a su esposa, sus hijos, sus amigos y sus colegas sentirse aliviados y libres. Los hombres humildes son tan simpáticos que los demás quieren estar con ellos.

Nosotros observamos lo que la Biblia dice acerca de los resultados negativos del orgullo. Ahora miremos los resultados positivos de la humildad:

El orgullo lleva a la deshonra, pero con la humildad viene la sabiduría. (Proverbios 11.2)

El orgullo termina en humillación, mientras que la humildad trae honra. (Proverbios 29.23)

Este es el panorama general: la deshonra va contra la sabiduría, la humillación contra el honor. Usted no tiene que tener el título de doctor al principio de su nombre para saber qué resultado es mejor.

La circuncisión espiritual es opcional. Dios no le obligará a rendir su orgullo. Aun así, seamos claros. El deseo de Dios para su vida es que usted le permita arrancar el cáncer del orgullo que amenaza su matrimonio y trasplante humildad en su lugar. Cada hombre debe decidir si le permitirá o no a Dios que opere. La elección es suya.

Si desea un matrimonio más sano, si desea una esposa contenta con una vida más feliz, si desea convertirse en el héroe de su esposa, debe permitir que Dios lleve a cabo su trabajo, que realice su cirugía en su alma. Su orgullo necesita ser arrancado.

LA INCISIÓN DEL MÉDICO

Crecí como un niño normal en la década del 70, en California, donde se valoraba bastante estar bronceado. Sí, había protector solar entonces, pero mis amigos y yo pensábamos que disminuiría nuestro potencial de bronceado. Por eso utilizábamos aceite de bebé. Nada nos proporcionaba un «buen bronceado» como el olor picante de la piel frita. Yo era dolorosamente ignorante, literalmente. Luego pagué el precio, quemada tras quemada. Vayamos a la actualidad. Bueno, continúo pagando... el precio es el cáncer de piel.

Digamos que tengo una relación muy íntima y frecuente con mi dermatólogo. Él es un gran tipo, pero estar frente a él en ropa interior cada tres meses mientras escanea cada rincón y grieta de mi cuerpo, buscando el melanoma, no es una fiesta.

Estoy comenzando a acostumbrarme a que haga incisiones en mis cicatrices. Él corta, remueve tejido y hace que lo evalúen. Al examinar el tejido, puede determinar si su incisión fue suficiente o no (lo que significa que lo cortó completo), o si necesita remover más tejido canceroso. El proceso continúa hasta que los márgenes alrededor del tejido estén limpios y las señales de cáncer hayan desaparecido.

Mi médico es genial. Es habilidoso. Sabe lo suyo. Sabe lo que está haciendo. Me gusta. Confío en él. Pero, ¿sabe qué? El hombre nunca me habría acercado el escalpelo si yo no le hubiera permitido que tocara mi piel. Tuve que invitarlo a involucrarse en mi vida para que hiciera cualquier contribución positiva en mi condición.

Yo podría haber ignorado el melanoma bajo mi propio riesgo, desde luego. El médico nunca lo habría sabido. Si yo no me hubiera puesto en contacto con él, eso no lo habría hecho nada menos que un médico habilidoso. Si no lo hubiera llamado para concertar una cita, eso no habría sido una señal de su negativa a ayudarme. Él siempre estuvo ahí. Lo está ahora. Lo estará mañana. Él siempre está dispuesto a ayudar. Yo solo tuve que decidir humillarme, pedir su ayuda, llegar a la cita y casi desnudarme.

Espero que vea el paralelo entre mi historia y la suya. Su matrimonio le importa a usted. Usted sabe que sí. No habría leído este libro si pensara de otra forma. Su matrimonio tiene un impacto en su vida todos los días, y usted sabe que puede mejorar. Ya no desea apestar como esposo.

Definitivamente, usted puede apañársela solo y hacer su mejor intento por mejorar las cosas en su matrimonio. Hasta cierto grado, tal vez logre algo de éxito. Oiga, yo puedo decidir intentar cortar mis propias cicatrices del cáncer también, ¿cierto? Puedo quitar *algo* de ello. Pero, enfrentémoslo. Si usted pudiera transformarse en un mejor esposo por sí solo, ya lo habría hecho. Si tuviera mejores ideas en cuanto a cómo ser un mejor hombre y cómo reformar su carácter, ya habría hecho esos cambios. La conclusión es la siguiente: en cuanto depende de nosotros, no tenemos las habilidades para hacer los cambios que necesitamos para convertirnos en el mejor esposo que podamos.

Esta es la buena noticia: Jesús sí. Él tiene todas las habilidades necesarias. Él está ahí con usted. Desea ayudarle a convertirse en un mejor hombre y un mejor esposo. Él sabe cómo ayudar. Él es el gran Médico, está disponible todo el tiempo. Usted solamente necesita invitarle a que le ayude, dejarle entrar en su alma y seguir su dulce dirección.

8B

SUPERE SUS ERRORES MASCULINOS

De acuerdo con la forma en que he acomodado los capítulos anteriores, aquí es donde lidio con su esposa y *su orgullo*.

Después de todo, los hombres no tienen el monopolio del orgullo, ¿cierto? ¡Las mujeres también tienen orgullo y ego! Yo debería proporcionarle pequeños puntos cuidadosamente realizados acerca de cómo arreglarlo con ella, y sus problemas con el orgullo de ella se resolverían.

Bueno, estoy seguro de que hay mujeres con un grandísimo orgullo que parece que no pueden enfrentar la verdad acerca de cómo es que su orgullo afecta su vida y su matrimonio. Simplemente no conozco demasiadas. Y no estoy casado con alguien que necesite reducir su orgullo.

Pero conozco hombres así. Todos nos atoramos en maneras distintas. Si alguien nos pagara para tener ego y levantar nuestro orgullo en una posición defensiva cuando nos sintiéramos desafiados como hombres, todos seríamos profesionales bien pagados. Nos retiraríamos a corta edad.

El ego monstruoso de los narcisistas que no pueden tener empatía con los demás está reservado para los verdaderos e importantes atletas profesionales, políticos, directores generales y unos cuantos pastores (¡Caramba! ¿Qué dije?). Pero el orgullo nos afecta a todos.

Tenemos tanto orgullo en nuestro depósito que no deberíamos echarnos para atrás ni señalar los depósitos llenos de los demás, en especial de nuestra esposa. Dios las socavará y les dará a conocer la humildad conforme lo considere conveniente. Parece que todo funciona mejor cuando sucede de esa forma.

La clave para nosotros es qué hacer con nuestros errores masculinos. Recuerdo que uno de mis entrenadores me dijo de joven que los errores no eran fatales, siempre y cuando aprendiera de ellos. Él sugirió las siguientes cinco acciones:

1. Reconocer sus errores.
2. Admitirlos.
3. Perdonarlos o buscar perdón.
4. Aprender de ellos.
5. Olvidarlos.

¡De lo mejor! En las competencias, si usted puede hacer todo en cuestión de aproximadamente tres segundos, es probable que sea un muy buen atleta. Si podemos hacerlo con la corrupción en nuestra vida individual, no nos frustrarán nuestras propias decisiones. Imagínese encargarnos de nuestros pecados tan rápidamente que no nos hagamos prisioneros de nuestro pasado, con la culpabilidad y la vergüenza de arruinarla *otra vez*.

Por si no lo sabe, así es exactamente como funciona la economía de Dios. Juan dijo en su primera epístola: «Pero si confesamos nuestros pecados a Dios, él es fiel y justo para perdonarnos nuestros pecados y limpiarnos de toda maldad» (1 Juan 1.9, RVR60). Y no dice nada acerca de vivir en culpabilidad durante meses o años en algún momento. No dice nada en cuanto a ayunar ni a hacer penitencias. «Confesamos... perdonarnos... limpiarnos». *¡Bum, chico!*

Aunque nuestra esposa no sea el Señor, un poco de humildad y confesión pueden ayudar mucho para dejar el pasado en el pasado. Incluido nuestro orgullo cuando asoma su horrible cabeza y hiere a la otra mitad de nuestro corazón.

A veces me siento más heroico cuando me disculpo con mi esposa, ¿por qué? ¡Es lo más difícil de hacer! Eso requiere grandes dosis de sincera humildad. Detesto admitir ante ella (o ante cualquiera) que (a) he echado a perder las cosas, o que (b) he permitido que mi orgullo afecte mi actitud, mi comportamiento y mi toma de decisiones.

Superar los errores masculinos no solamente tiene que ver con intentar no cometerlos. Es admitirlos cuando los cometemos. Y mientras más rápidamente podamos hacerlo, mejor.

9

Acción 7: Cuide el corazón de su esposa

P or si no lo ha notado, este pequeño libro se ha tratado acerca de drenar nuestra tendencia al egoísmo y a la estupidez masculinos, y en cuanto a reemplazarlos con la abnegación, la sabiduría y el heroísmo de un esposo. Aunque he hablado poco acerca de comportamientos que dañan su alma en el matrimonio, mi objetivo no ha sido reprenderlo por cometer todos los errores masculinos posibles. ¡No hay papel suficiente en la tierra para abarcar esa lista! Y le garantizo que mi nombre estaría junto al suyo.

Lo bueno es que la lista la abarcó por completo el amor de Dios. Sabemos quiénes somos en lo profundo, Dios también lo sabe. Y si la Biblia dice una y otra vez cuánto está Dios a favor de usted, incluso en medio de sus pecados y de su naturaleza pecaminosa, de la cual él está consciente; entonces, ¿quién soy yo para machacarlo por no ser un ejemplo de la virtud masculina?

Oiga, ¿ha leído Romanos 7 últimamente y le ha recordado que el apóstol Pablo confiesa su incapacidad de hacer lo que sabía que era correcto? Él fue un gigante espiritual que escribió casi la mitad del Nuevo Testamento, y si él no pudo ganar todas las batallas, usted y yo tampoco podemos. Ahí está, respire. Siéntase cómodo con su imperfección masculina durante un momento. Le hará bien a su corazón.

Nuestra imperfecta virilidad es un estado que nunca podremos dejar, pero también es un estado que no tenemos que gobernar. Estamos sujetos a este estado, no al dictador. Tenemos la libertad de no siempre vivir bajo sus reglas. Debemos permanecer en batalla con respecto a los comportamientos que afectan al alma y que pueden derrumbarnos como hombres; pero la verdadera batalla es mantener nuestro corazón cerca de Jesús. La maldad de nuestro corazón es la que lleva al extremo nuestros comportamientos (Mateo 12.35, RVR60).

Hay otra batalla en la que igualmente debemos permanecer: mantener nuestra vida y nuestras acciones abrumadoramente sensibles a la otra mitad de nuestro corazón. Sí, a esa mujer con quien se comprometió ante Dios que amaría y estimaría.

El título de este capítulo puede hacer una de tres cosas:

1. Desencadenar recuerdos dolorosos que van hasta cuando visitaba la granja de su tío Willie, cuando esa oveja lo persiguió y usted se mojó (ay, posiblemente fui yo).
2. Le harán saltarse los últimos capítulos porque: *Cielos, apenas puedo guiar mi propio corazón, ¡ni hablar del de mi esposa!*

3. Lo desafiarán a aceptar una misión tan importante, tan esencial para el éxito matrimonial que usted hará cualquier cosa que deba para triunfar en ello.

Quédese conmigo.

El papel del pastor es «cuidar». Él cuida el rebaño que se le ha confiado bajo su cuidado y protege a las ovejas de los lobos. Si tiene hijos, lo hace naturalmente y con total abandono; la protección es parte de su instinto paterno. Aunque usted sea un padre mediocre, nadie se mete con sus hijos sin consecuencias, ¿cierto?

¿Todavía no se convence de que es un pastor que cuida? ¿Qué hay acerca de cuidar las cosas importantes de su vida como su coche, sus palos de golf, sus armas, su equipo de pesca, la cochera, los controles remotos, los trofeos de la escuela elemental?

Lo ve, se lo dije; ¡usted sabe cómo *cuidar como pastor*!

Batallar como cuidador del corazón de su esposa es el trabajo pastoral más importante que tiene. Y también es el más difícil y complicado que hará jamás.

Las mujeres son diferentes de nosotros (por decir lo menos).

Entre otras cosas, son emocionalmente, eh, *impredecibles*. Son intuitivas (y aciertan la mayoría del tiempo). Son más afectuosas. Y si la vida las ha lastimado, necesitan sanidad.

Si usted pensaba que el matrimonio era solo apuntarse para trabajar y pagar las cuentas, tener sexo ocasional gratuito, podar el césped y realizar otras tareas, tener sexo ocasional gratuito, mantener a raya a los niños, tener sexo ocasional gratuito, encontrar tiempo para escaparse y recrearse con sus amigos, tener sexo ocasional gratuito, bueno, no ha estado prestando atención.

Aprender los secretos para guiar el corazón de su esposa es a menudo la razón por la que Dios nos mantiene tanto tiempo en esta tierra. Es un enorme desafío; necesitamos más de cincuenta años para perfeccionarlo.

TODO SE REDUCE A LA INTENCIÓN

Si le preguntaran cuáles son las razones egoístas por las que debería trabajar para cuidar el corazón de una mujer, usted sabría de inmediato a qué me refiero. No necesitamos ir allí.

Sin embargo, hagamos una lista de las mejores y más puras razones para cuidar el corazón de una mujer:

- Ella vale mucho más el esfuerzo. Después de todo, usted se casó con ella, y lo comprenda en verdad o no, ella *es* realmente la otra mitad de su corazón.
- Es probable que el corazón de ella sea más sensible que el suyo y pueda ser herido fácilmente.
- El mundo, su papá, su mamá, la preparatoria y algunos chicos ya han hecho una serie de cosas para lastimar su corazón, de manera que este necesita ser fortalecido.
- Su corazón es una de las razones principales por las que usted se casó con ella. Necesita *cuidarlo* y atenderlo.

Posiblemente haya otra docena de razones que podría enumerar, pero iré al grano. La razón principal para guiar el corazón de una mujer es:

- Dios desea que le ayude a florecer en todos los aspectos, para que el mundo vea a Jesús a través de su vida.

Es una gran misión.

No es una tarea fácil hacerla cobrar vida, restaurar y revivir algunas heridas que ella pudo haber experimentado. Pero esa es su tarea y no debe ser considerada como una misión imposible. Mis hijas todavía no están casadas, pero cuando lo estén, miraré atentamente a sus esposos y les diré: «Yo he amado, protegido y cultivado a Torie y a Cassie más que todos los hombres. Ahora te paso la batuta de la responsabilidad. Tu trabajo, si decides aceptarlo, es tomar mi trabajo. Ama a mi hija más de lo que yo la he amado y puedo hacerlo. Cuida su corazón. Haz que cobre vida como ser humano, para que viva como fue diseñado que viviera».

Lo diré otra vez. Es una gran misión.

Ya casi termina este libro, de manera que sé con seguridad que usted es un *tipo de palabras*. Y si juega Words with Friends [Palabras con amigos], *realmente* es un tipo de palabras. Por lo tanto, no le importará que para ayudarlo con esta tarea haya hecho una etimología de la palabra *esposo*. (Y ya que sabe que etimología significa «el estudio de los orígenes de las palabras o partes de palabras, y cómo han llegado a su forma y significado actuales», no tengo que explicarlo.) Piense durante un momento en esta metáfora: su esposa puede ser como un jugo de uva o como vino fino. Depende de cómo elija cuidarla.

La cualidad primordial que necesita para cuidar racimos de uvas o cuidar de la oveja es la *atención diligente y amorosa*.

Esas son las palabras que describen adecuadamente a un esposo cuyo objetivo es guiar (cuidar) el corazón de su esposa. (Debería agregar *relajado* luego de eso, porque ninguna mujer desea un esposo que merodee con obsesión). Si «los ojos del Señor» (Proverbios 5.21; 15.3, RVR60) cubren la tierra, nuestros ojos necesitan ser diligentes y amorosos para asegurarse de que el corazón de nuestra esposa no sea dirigido a lugares que lo dañarán.

Otra manera de decirlo es que cuando la gente que trabaja en las fábricas de jugo de uva desean producir jugo de uva, compran las uvas, las mezclan con azúcar, jarabe de maíz y otros químicos deliciosos, y embotellan rápidamente el jugo para asegurarse de que llegue al mercado tan rápido como sea posible. Es probable que las uvas sean de una variedad más barata y que no se ocupen mucho de las viñas. El jugo de uva es básicamente agua barata con azúcar de color.

El vino fino, sin embargo, es muy diferente. E igualmente lo es el proceso de elaboración.

Un trabajador vinícola habilidoso y experimentado (un «viticultor») mueve y moldea cuidadosamente cada vid en cada planta a medida que crece, cuidando de no romperlas ni doblarlas de la manera equivocada en el proceso. ¿Por qué? Para que tengan la máxima habilidad de crecer y llevar uvas que un día se convertirán en vino fino. Moldear las vides es su mejor trabajo. Él forma, pero la naturaleza se encarga (el sol, el agua, la tierra y la cosecha en el momento adecuado).

Pero lo que está haciendo es «cuidar» la vid.

No hay otra manera más clara de decirlo. Nuestro trabajo principal es *asistir* cuidadosamente para moldear las vides de nuestra esposa, así como ayudarla a ser lo que está destinada a ser, doblar las partes más preciosas de sus emociones y su alma en el momento adecuado (sin quebrarlas). Con el pasar del tiempo, ella producirá el fruto que será tan atractivo para los demás que quienes la vean sabrán que están observando un vino fino, un vino con un valor increíble.

De acuerdo, antes de que se desespere, cierre el libro y piense que soy un demente, tengo buenas noticias: cuidar a su esposa no es completamente su responsabilidad.

Dios juega la parte más importante de todo este proceso. Y aunque su esposa tenga un papel que jugar, finalmente depende de Dios que lleve a cabo este trabajo de suma importancia. Sin embargo... él ha decidido que *usted* lleve a cabo la parte más importante de esta misión.

Y *esta* es la parte más gratificante —y más difícil— del matrimonio.

Va contra nuestra naturaleza masculina egocéntrica estar tan en armonía con las necesidades de alguien más, que todo lo que deseamos es que Dios les ayude a florecer y que ellas se den cuenta de cuán preciosas son de verdad para él y para su reino. Y en caso de que no esté atando cabos, este proceso es similar a lo que Dios hace con nosotros (Juan 15, RVR60).

Lo cual nos lleva a lo primero que puede hacer para unirse a Dios en este proceso.

DÍGALE CON FRECUENCIA QUIÉN ES ELLA

Todos necesitan saber quiénes son. A lo largo de nuestra vida somos moldeados por las cosas que la gente dice acerca de nosotros, las buenas y las malas. Si un padre, un maestro o un adulto importante nos dijo que éramos buenos para nada, que solamente ocupábamos espacio en el planeta y que nunca llegaríamos a nada, es posible que hayamos creído esa mentira. Las creencias moldean nuestro comportamiento y pronto, *¡bum!*, nuestra vida está moldeada por una mentira. Entonces, si no tenemos gran estima de nosotros mismos, no nos importa si abusamos de nuestro cuerpo y de nuestro espíritu. ¿Por qué hacerlo? Mire a su alrededor, gente de todos lados cree la mentira.

Somos la suma total de lo que la gente (y Dios) han puesto en nosotros. Y la mayoría de esas partes son verdades o mentiras que hemos decidido creer.

Posiblemente usted no tenga idea, pero las mujeres son las personas a quién más se les miente en el planeta. Desde temprana edad, a ellas se les enseña que su valor proviene de la belleza física, de ser delgadas o tener pómulos altos. De los padres a los abuelos, de los amigos de la escuela a los de la iglesia, de la televisión a las películas y las revistas, todos le han dicho —una y otra vez al precioso corazón de la mujer— que ella no está a la altura. El mensaje es fuerte y claro: «*No* eres suficiente».

Probablemente lo mismo esté sucediéndole a su hija, si la tiene. Como llorón que soy, lloro fácilmente cuando pienso profundamente en esa triste realidad. El violento ataque de: «No eres suficientemente _____», es una triste y enferma realidad cultural.

Si de pequeña su esposa tuvo lo que la sociedad considera un «defecto físico», una mamá o un papá que nunca la convencieron de que era hermosa y talentosa como era, una hermana a cuya altura nunca pudo estar o chicos y novios (o un esposo) que la trataron mal, su perspectiva de sí misma puede estar seriamente dañada. Aunque ella no hable al respecto, usted puede estar seguro de que no ha sido moldeada correctamente. Su misión es cuidar su corazón y ayudarla a cambiar el curso en cuanto a cómo se ve a sí misma. ¿Cómo?

En primer lugar, dígale todos los días que es hermosa. Las palabras sinceras, oportunas y sensibles no tienen precio. Diga palabras de amor cuando le vengan a la mente. Cuando las sienta en su corazón, dígalas. No las reprima. Dígale la verdad como es, con deleite. Con frecuencia. (¿Recuerda el capítulo 4?)

En segundo lugar, mírela con deseo y amor. Convénzala con sus ojos de que es valiosa. Sí, haga todo eso con tanta masculinidad y testosterona como desee. Es probable que el mundo la haya quebrantado sexualmente de alguna forma, y parte de ayudarla a sanar las heridas de su vida es estar «completamente involucrado» con respecto a su deseo apasionado de ella como esposa. No hay nada malo con mirarla lleno de pasión *por ella*. Es natural, bíblico y hermoso, no deje que nadie lo convenza de lo contrario.

En tercer lugar, la mayor parte del tiempo, cuando ella lo mira a los ojos, además de ver a alguien que la adora, ayúdela a verse a sí misma de la manera en que Jesús la vería. Debo confesar que es la más difícil de las tres miradas.

Piénselo un momento: ¿cómo cambiaría *su* vida si en verdad pudiera ver como Jesús lo ve? Él conoce sus defectos, su pecado, su corazón. No obstante, debido a que murió por usted, no puede *dejar de* mirarlo con un amor que va más allá de la imaginación. Ante sus ojos, incluso *usted* es digno de este tipo de amor. Ahora de vuelta con su esposa: definitivamente esa sensible alma femenina vale mucho más la pena. Sus ojos comunicarían: «¡Jesús te ama tanto!». Imagínese qué debe haber pensado la mujer que fue atrapada en adulterio cuando miró a los ojos a Jesús (Juan 8, RVR60). Hay ocasiones en que su esposa necesita ver cómo la mira Jesús... a través de sus ojos. Practique esta habilidad. Domínela. Si está lleno del Espíritu de Jesús, usted puede trasmitir el amor de Jesús... a través de sus ojos.

Creo con todo mi corazón que un esposo puede ayudar a moldear la vida de su esposa y ayudarla a florecer en la mujer que Dios ha destinado que sea, cuando es capaz de reflejar el amor de Jesús de sus ojos a los de su esposa. Con tanta frecuencia como pueda, ella *debe* ver a Jesús cuando mire sus ojos. Personalmente, esta no es mi mirada más fuerte, en su mayor parte porque miro a Cathy más a menudo con pasión (la segunda mirada). Pero esto es lo que me ha ayudado a ponerlo mejor en práctica durante los años.

Acostumbro caminar con Jesús diariamente e intentar mantenerme sincronizado con él para seguirlo y parecerme a él. Es lo más difícil que he intentado en mi vida. Una vez escuché que un hombre nunca será un buen novio para su esposa a menos que primero sea una buena novia para Jesús. Estar cerca de Jesús es la mejor manera de amar a mi esposa y a mis hijos. Es lo que yo —lo que cualquier hombre— debo hacer por la otra mitad de mi corazón. Incluso llegaré a decir que si me estoy acercando más a Jesús y siendo transformado por él (¿recuerda la circuncisión del capítulo 8?), es más probable que vea a mi esposa como Jesús la ve. De nuevo, mi intimidad con Cristo afecta a mi esposa, y su verdad cambia la manera en que abordo la oración, la lectura bíblica, la alabanza y la forma en que paso tiempo con otros hombres que están caminando con Jesús. Estas no son simplemente acciones robóticas que me ayudan a *parecer* cristiano; son acciones que ensanchan mi corazón *y* realzan nuestro corazón. Ella es la otra mitad de mi corazón. Yo debo hacerlo... por ella.

De manera que si Cathy no está sintiendo y viendo esa valía de Jesús (a través de mí), ¿se sentirá suficientemente valiosa para cobrar vida por completo y entregarse a los demás... o a mí? ¿Sabrá que es preciosa, hermosa y amada? Todo es parte del paquete de cuidar bien su corazón. Y hablando de su corazón...

Háblele de su corazón

Las mujeres son inteligentes e intuitivas. Se alegran cuando escuchan que son hermosas para nosotros, pero también están muy conscientes de sus defectos físicos. No importa cuántas veces puntualicemos su belleza, ellas lo escuchan a través de un filtro que ha estado ahí durante muchos años (*soy demasiado... algo. Gorda. Flaca. Pálida. Baja. Alta...*). Por desdicha, esa parte de lo que el mundo les ha hecho posiblemente nunca desaparecerá. Ellas pueden sentirse siempre un poco devaluadas porque las comparaciones son casi imposibles de borrar.

Pero nada puede compararse con el corazón de una mujer. Dígaselo.

Cathy no solamente es hermosa en todos los aspectos, sino que también tiene el mejor corazón que jamás he conocido. Su manera de ser con nuestras hijas y nuestro hijo, su manera de ser conmigo, su manera de ser con Dios y con quienes la rodean… simplemente me encanta. Y aunque pudiera escribir todo un libro solo acerca de la belleza y la profundidad de su corazón como ejemplo para los demás, no lo haré. No deseo que todas las demás mujeres del mundo se sientan mal por la comparación.

Una advertencia: hay una razón por la que la nombré como la segunda cosa que usted puede hacer cuando halaga a su esposa con palabras que provienen de su corazón. Decirle la verdad acerca de su corazón es esencial, desde luego. Pero estoy convencido de que decirle la verdad en cuanto a cómo luce *para usted* y de su deseo *por ella* puede ser todavía más importante. Sí, es probable que haya sido lastimada. Y ella solo necesita sus palabras de verdad en el aspecto físico primero.

Y luego…

Sea un hombre que ella pueda respetar

Las mujeres pueden oler a un hombre con un corazón malo a millas de distancia. Si ella siente engaño o egoísmo coherente, simplemente no puede responder bien a sus intentos de cuidado. El respeto y la confianza no estarán presentes.

¿Cuáles son algunas maneras de mostrarle que usted tiene un buen corazón?

- Muéstrele que sabe lo que llena su tanque y lo que le perturba el día. Si usted no es perceptivo ni le importa demasiado reconocer aquello que le drena la vida, ella no pensará que es suficientemente sabio como para moldear su corazón.

* Pruébele que sabe en qué área desea florecer. ¿En qué necesita florecer para sentir el placer de Dios en la manera en que vive y da su vida? Si usted no lo sabe, necesita preguntarle y aprender. ¡Y escuchar! Encuentre su punto óptimo en la vida acerca de cómo es que Dios puede usarla. Puede ser muy diferente de lo que usted piensa. Por ejemplo, usted puede pensar que ella necesita socializar más porque es buena con la gente; pero ella probablemente sepa que se necesitan márgenes y límites para amar bien a la gente, y entonces solamente puede convivir con la gente en pequeñas dosis. Estudie todo lo que es ella.

* Permítale ver que usted está consciente de las áreas dañadas de su vida. Usted puede no ser un consejero profesional, pero escuchar, hacer preguntas, nunca decir intencionadamente cosas malas que desaten sus heridas internas, le ayudará a sanar un corazón que alguien más lastimó en su mundo (o en su pasado). Sí, Dios debe ser el sanador supremo, y definitivamente hay algunas heridas para las que nosotros no estamos equipados para sanar por completo. Pero saber cuáles son ayudará mucho en su confianza y respeto por usted como cuidador de su corazón.

¿Cómo puede llevar a cabo todo esto?

En primer lugar, no merme la confianza y el respeto que ella le tiene por un problema con la pornografía o con otra adicción de la que no pueda liberarse. Cosas como esas le advierten a una mujer: *¡Alerta! ¡Alerta! Muy pronto tal vez tenga que cuidar de mi propio corazón, de manera que necesito cerrarme a él y proteger mi propio corazón para que él no lo lastime.*

Hemos hablado de la pornografía algunas veces en el libro, a veces con humor. Pero usted y yo sabemos que en realidad no es un asunto risible. Es más, es un asunto crítico: es el problema principal del que escucho hablar a los hombres en mis conferencias. La pornografía siempre sale a colación. Existen varios libros fantásticos acerca del tema y, desde luego, si usted no puede liberarse de la atracción a la pornografía en su vida, hay cientos de consejeros y grupos que pueden ayudarle. Utilícelos. Este es uno de los aspectos en que los hombres debemos bajar el orgullo, admitir que no somos suficientemente fuertes y buscar ayuda. Y finalmente obtener la victoria. ¡Usted *puede* obtener la victoria! He escuchado demasiadas historias de vencedores, usted puede convertirse en uno también.

En segundo lugar, rebose de *verdadera hombría,* no de una falsa hombría. La falsa virilidad es un castillo de arena que finalmente colapsa. Si su hombría se encuentra al hacer cosas que los hombres hacen a expensas de su esposa y su familia, entonces un día, su hombría y usted estarán terriblemente solitarios.

La caza, la pesca, los deportes, el tabaco, el escocés y el póker, hacer ejercicio para verse y sentirse bien —en cantidades razonables están bien. Pero si su hombría no conlleva también hacerse cargo de la parte más importante de la hombría —cuidar el corazón de su esposa—, entonces tiene una virilidad incompleta y egocéntrica en la que una mujer no puede confiar. Son palabras duras, pero no puedo decirlo más directo.

Por último, haga su mejor esfuerzo por convertirse en su mejor amigo.

Encuentre maneras de compartir la vida y las experiencias que comuniquen cuánto le gusta pasar tiempo con ella. Caminar, andar en bicicleta, acampar, asistir a ventas inmobiliarias o a tiendas de antigüedades, viajar, servir... lo que ambos hagan juntos, háganlo con frecuencia. Así es como un hombre edifica la confianza y el respeto, y como se gana el derecho de ser usado por Dios para cuidar el corazón de su esposa de manera que florezca para el mundo.

¡Qué misión!

¡Qué cosa tan difícil! Y usted pensaba que lo que hacía en el trabajo era difícil. ¡Ajá!

¡Qué privilegio!

9B

LO QUE TODO HOMBRE NECESITA QUE MÁS LE CUIDEN

H e hecho algunos chistes acerca de lo que todos necesitan que su esposa más les cuide. Esto ha sido una expedición de cacería o un retiro de hombres lleno de insinuaciones sexuales y de machismo. Espero que se haya reído un poco a lo largo del camino.

Pero en realidad debería retroceder un poco y admitir lo que todos sabemos: cada hombre es diferente. Pasamos por fases, temporadas, y no siempre estamos solo pensando cuándo será nuestra siguiente experiencia sexual.

Habiendo dicho lo cual, la mayoría estaríamos de acuerdo en que, si tuviéramos toda la pasión que realmente necesitamos, seríamos mucho mejores cuidando el corazón de nuestra esposa.

Eso es verdad.

Pero no es así como funciona. Y en verdad no hay garantía que si usted desempeña un trabajo fabuloso al cuidar el corazón de su esposa, ella deseará hacer lo mismo por usted.

Espero que lo haga, pero no puedo decirle de frente que sucederá si sigue cualquiera o todos los principios que he compartido en este libro.

Lo siento.

Pero tengo una comprensión bastante firme acerca de lo correcto. Y lo correcto en un matrimonio es permitirle a Dios que lo vacíe a usted para llenarla a ella, con el fin de que Dios la utilice en el mundo para traer luz y vida a quienes ella impacta.

Este es el cuarto nivel del matrimonio, amigo. Posiblemente sea un curso de posgrado. Eso es lo que significa *esposo*.

Lo que siento a partir de lo que he visto en matrimonios que verdaderamente triunfan es que si usted está haciendo esto por ella con un buen corazón y con la intención correcta, a largo plazo, ella hará lo mismo por usted con gusto.

Y si ella no toma el papel tan pronto como a usted le gustaría, entonces Dios desea hacer todavía más con su propia alma de lo que puede imaginar.

Por más difícil que sea, acójalo.

Él *en verdad* desea ayudarle a ser más como Jesús. Y, bueno, Jesús hizo lo correcto, porque era lo correcto. Y fue más hombre que cualquier otro que haya vivido.

Yo conozco a muy pocos hombres cristianos que no deseen ser lo que Dios desea que sean. En lo profundo. Aunque duela. El tiempo que tome. Cuando nos miramos en el espejo, en verdad deseamos decir: «Dios, hazme el hombre que deseas que yo sea. Eso es lo que más deseo. Lo que tome. El tiempo que sea necesario. Jesús, hazme el hombre que necesitas en este mundo».

Ser el héroe de su esposa, y en cierto sentido el héroe de Dios en esta tierra, es ceder sus derechos (como lo hizo Jesús) y dejar que Dios lo utilice para cuidar el corazón de ella de cualquier forma posible.

No hay trabajo más grande.

No hay gozo mayor.

Mi oración está con usted a medida que busque ser el héroe de su esposa y ser el hombre que en verdad desea ser. Yo sé que puede hacerlo.

— 10 —

Así como Cristo amó a la
iglesia

Y ahora, una última palabra, a medida que usted busca vivir sus intentos heroicos con su esposa. El conocido versículo: «Maridos, amad a vuestras mujeres, así como Cristo amó a la iglesia» (Efesios 5.25, RVR60).

Una vez más, gracias por dejarme divertirme al ser desenfadado, gracioso en algunas partes, útil en otras, y simplemente decir las cosas que manifiestan los hombres cuando están juntos. Espero que leer este libro haya sido un aliento de aire fresco. El hecho de que no sea muy largo lo hace aún mejor.

Pero tengo un último pensamiento muy directo y serio que decirle antes de que coloque el libro en la repisa junto con todos los otros de matrimonio que su esposa le ha comprado.

Les he hablado *a* cientos de hombres y he hablado *con* otros tanto acerca del versículo de Efesios 5. Este es nuestro norte geográfico como esposos, el pasaje al que siempre recurrimos cuando estamos intentando convencernos, con justa razón, de no ser patanes egoístas. Lo que he visto es que funciona una o dos semanas, posiblemente unos cuantos meses, y luego...

La vida golpea, regresamos a esa gastada vía de seis carriles en que nos enfocamos de vuelta en nosotros mismos y le quitamos la mirada a la otra mitad de nuestra vida. Sí, nuestra naturaleza egoísta golpea de nuevo. Sí, la testosterona. Sí, la descarga cultural de nuestra habilidad para mantener nuestra mente pura. Sí, el hecho de que el trabajo, los deportes y los pasatiempos parece que nos tienen bastante ocupados y enfocados en nosotros mismos.

Este libro se ha tratado por completo acerca de admitir dónde estamos, aprender a pensar en nuestra esposa antes que en nosotros mismos, e intentar comprender qué significa cuando Pablo nos desafía a amar a nuestra esposa de la misma forma que Jesús amó a la iglesia (a su pueblo).

Existe un vínculo inexplicable que Jesús tenía con la iglesia. Era su cuerpo, ¿lo recuerda? De manera que él no pudo olvidarse y *no* amarla, y no desear darle palabras de sabiduría sobre cómo amar y cómo alcanzar al mundo. Él incluso le dio a su Espíritu para ayudar a guiarla. Definitivamente, *eso* resolvería todos sus problemas futuros y la mantendría en el camino. (Bueno, prácticamente.)

Tengo un amigo que intentó amar a su esposa así como Jesús amó a la iglesia. Lo llamaré Rob. Un buen hombre imperfecto, como la mayoría de nosotros.

Rob se casó joven y esperó años para tener hijos, mientras su esposa y él trabajaban en algunos problemas. Luego tuvieron tres encantadoras hijas. Cuando su esposa y él se encontraron con los baches relacionales, él recordó este conocido versículo que leyeron y del cual hablaron en su boda: amar a su esposa así como Cristo amó a la iglesia. Él no lo había olvidado; de hecho, lo sabía tan bien que lo había memorizado.

Se mordió los labios y mantuvo cerrada la boca. Luchó durante un par de décadas con la falta de intimidad, con palabras profundamente lastimeras, y poco o nada de contacto físico. En verdad, pensó que amar a su esposa así como Cristo amó a la iglesia significaba nunca hacerla sentir mal por apenas intentar satisfacer sus necesidades de amor. Él no comprendía toda la dinámica de la unión marital, pero pensaba comprender este versículo.

Estaba convencido de que un hombre, en especial cristiano, entrega su vida por su esposa.

Pero había algo que nadie le había dicho jamás: aunque Jesús mantuvo su boca cerrada durante la crucifixión, sin llamar a los ángeles a que lo salvaran durante lo peor que el hombre le aplicó, debajo de la cruz Jesús enseñó contra la injusticia. Él tuvo algo que decir acerca de cómo vivir y amar.

Jesús no estuvo callado todo el tiempo.

El hombre casado ha de pasar por muchas temporadas en que cederá sus derechos, tomará el camino al éxito, amará incondicionalmente, será una persona sacrificial y pondrá de lado sus propias necesidades por las de su esposa e hijos. Como debería. Los hombres *hacen* sacrificios por quienes aman. Los héroes siempre se sacrifican.

Sacrificio es una cosa. El silencio completo es otra.

Las mujeres son las creaturas más instintivas de la tierra. Tienen una sensación de las cosas, una intuición cuando algo no anda bien. Enfrentémoslo, son unas cincuenta veces más sensibles a la temperatura emocional del hogar que lo que serán los hombres. Ellas nacieron con este, este... don. Y va más allá de saber cuando todos en la casa necesitan ponerse un suéter, porque tienen frío y no lo saben.

Aunque podamos admitir fácilmente que las mujeres saben y sienten cosas que los hombres no, eso no significa que nosotros no sepamos nada.

Nosotros también sabemos cuando algo no anda bien en una relación. Posiblemente no siempre sepamos cómo arreglarlo, pero sabemos cuando algo está perdido.

Lo que intento decir es lo siguiente: si usted ha estado casado durante cinco o diez o veinte años, y sus necesidades de amor no están siendo atendidas —a largo plazo—, entonces amar a su esposa así como Cristo amó a la iglesia no significa mantener la boca callada y tener una lenta y dolorosa muerte marital.

Las temporadas de sacrificio son normales. Si un hijo o la esposa están enfermos o están pasando por un período de agobio, entonces los hombres, los hombres que siguen a Jesús, *sí* aman a su esposa como Cristo amó a la iglesia. Ellos no se van corriendo tras lo primero que luce bien para que sus necesidades sean satisfechas.

Pero si su vida se ha ido durante años y usted sabe que algo no anda nada bien, amar a su esposa como Cristo amó a la iglesia significa que no se quede callado. En el momento adecuado, usted debe explicar apropiada y amablemente sus problemas. No se quede callado.

Mire, Dios también le ha dado instintos. Y si hay palabras o acciones o largos periodos de sequía en la necesidad de amor, usted debe hablar por el bien de su matrimonio.

Amablemente. Directamente. Amorosamente. Con cada expresión y palabras generosas que pueda encontrar.

Quienes elijan hablar serán recompensados. Una conversación o dos u ochenta servirán para convencer a su esposa de lo que es bueno para el matrimonio. Mientras ella también se sienta escuchada, entonces pueden encontrarse acuerdos y nuevas normas. *¡Ahí está!* La comunicación realmente funciona.

Otros serán rechazados. La actitud defensiva de ella será evidente. Eso la lastimará. Ella puede pensar que usted está siendo egoísta de nuevo. Puede justificar su comportamiento en un sinfín de maneras. Manténgase firme.

Si usted ha esperado años para sacar a la luz sus problemas, probablemente no esté fuera de lugar. Una regla general que tengo en la confrontación es la siguiente: si usted realmente desea decirle algo a alguien, echárselo de verdad en cara, entonces no debería hacerlo. Pero si se demora y reflexiona, y eso le pone en conflicto, entonces probablemente deba proceder, especialmente luego de meses o años de oración.

Tristemente, pocos hombres pasarán por este proceso una y otra vez, y nada cambiará. Cuando este sea el caso, amar a su esposa como Cristo amó a la iglesia puede representar una crisis. No, no me refiero a una semana en Las Vegas con los chicos, en la que usted no le dice lo que está haciendo; me refiero a una intervención más estratégica, tal como la consejería. No importa cuánto piense que le dolerá a ella o la hará sentirse mal, si ella ha evitado cambiar de continuo, será tiempo de decir: «Nos estamos dirigiendo en la dirección equivocada. He intentado hablar contigo al respecto en repetidas ocasiones de la mejor manera que pude. Iré a consejería contigo o sin ti. Pero realmente me gustaría que fuésemos juntos».

Amar a su esposa así como Cristo amó a la iglesia nunca significa guardar silencio frente a los problemas evidentes que están impidiéndole perseguir a la otra mitad de su corazón.

Significa ser su héroe en verdad y arriesgarse a sentir su ira o rechazo por el bien de su futuro a largo plazo. Pocas relaciones sobreviven luego de haber descuidado su amor durante décadas seguidas. El matrimonio de treinta y un años de mi amigo Rob no pudo hacerlo. No resistió. Y el mayor remordimiento que Rob tiene es no haber hablado en los momentos en que supo instintivamente que algo no andaba bien. El costo fue devastador. Pérdidas personales, su reputación, cómo le vieron sus hijas, su dignidad —el precio que pagó fue alto.

Y aunque hemos hablado mucho de sexo en estas páginas, admitamos lo obvio. El sexo grandioso no siempre se equipara a una relación estupenda. No lastima, sin lugar a dudas, pero algunos hombres tienen un lado diferente de ellos, donde las palabras amables, los actos de servicio, los regalos sorpresas y el tiempo de calidad significan tanto como el contacto físico.

Ser avergonzado por palabras hirientes de su esposa enfrente de los demás, tener que hacer los detalles de limpieza en la casa la mayor parte del tiempo, nunca ser reconocido con palabras amables o pequeñas muestras de amor acerca de cuánto vale usted para su esposa pueden arder tanto como cinco años de un trato con frialdad.

Cualesquiera que sean los problemas dolorosos que esté enfrentando, si son coherentes con el tiempo, si usted ha intentado resolverlos en vano, por favor, ame a su esposa así como Cristo amó a la iglesia. Haga el acto heroico y saque a la superficie los problemas. Probablemente nunca se arrepentirá de haberlo hecho.

Capítulo adicional

EL *TIEMPO* ES POR LO QUE MUCHOS MATRIMONIOS ESTÁN LUCHANDO

(Este capítulo debe leerlo con su esposa. Si ella no está recostada con usted, vaya por ella. Ambos necesitan leer y hablar acerca de esto juntos.)

¡Hablo mucho acerca de matrimonio! Mis audiencias varían de multitudes de miles a pequeños seminarios, de personas que se identifican con Cristo a aquellos que han escuchado su nombre en un campo de golf solamente como una palabrota. Seguido de esas conferencias escucho temas comunes dondequiera que voy:

- «¡Estamos *muy* ocupados!».
- «¡Simplemente no tenemos el tiempo que teníamos cuando éramos novios!».
- «No tenemos la intimidad emocional que una vez tuvimos».
- «Rara vez tenemos conversaciones decentes».

- «La intimidad física ya no es lo que una vez fue; ambos estamos muy cansados».
- «No tenemos privacidad porque tenemos hijos adondequiera que volteamos».

Es muy probable que la mayoría de las parejas estén ocupadas. El problema con una vida ocupada es que lleva a un matrimonio ocupado, un matrimonio ocupado puede convertirse rápidamente en un matrimonio vacío.

¿Cómo es que el veneno del ajetreo entró en el guion de su matrimonio?

Primero que nada, si ustedes viven en un área metropolitana importante, quítense un poco de culpa y simplemente admitan que donde viven contribuye a su ritmo. Las grandes ciudades (poblaciones de más de 250.000 personas) reflejan una cultura ocupada. San Diego, por ejemplo, no vive al mismo ritmo que Dubuque, Iowa.

Aunque este estilo de vida no sea exclusivo de las grandes ciudades, si ustedes viven en una, siempre están intentando llegar a algún lugar más rápidamente y hacer las cosas con más velocidad. Y no ven ningún incentivo real para desacelerarse.

A decir verdad, desde luego, pueden ocuparse sin importar dónde vivan.

Los coches veloces que van por una pista es una imagen realista del matrimonio actual. Observen: ellos están (1) conduciendo velozmente, (2) yendo en círculos y (3) viviendo el mismo guion día tras día.

¿Conocen la NASCAR? No hace mucho tiempo, me invitaron a un evento de NASCAR en Michigan, con todos los gastos pagados. Fue muy agradable haber sido invitado, pero yo preferiría ir a un lugar de diversión para pequeños con una pandilla de niños de cinco años llenos de Mountain Dew y regaliz, que abordar un avión para ver a la gente conducir en círculos a gran velocidad. Le dije al tipo que me invitó que yo estaba «muy ocupado» para ir.

No deseo ofenderlo si usted es fanático de NASCAR. Aprecio su pasión, pero yo no comprendo por completo su «deporte». Se le considera deporte, ¿verdad? Alguien me dijo una vez que pensaba que NASCAR era un acrónimo en inglés para *deporte no atlético centrado alrededor de pueblerinos.* Yo sé que es peligroso decirlo en modo impreso, porque a muchos fanáticos de NASCAR también les gustan (a) las armas, (b) la caza, y (c) matar cosas. De manera que si usted es un fanático de NASCAR sin sentido del humor que carga un arma, le encantan los coches y es de pocas pulgas, y se enoja fácilmente con los autores que se mofan un poco (muy poco... bastante poco, poquísimo), estoy seguro de que con un poco de tiempo, persuasión y Valium, yo podría aprender a disfrutarlo, y usted y yo podríamos ser amigos. No obstante, admitiré que es más atractivo que ver los bolos.

Dejando a un lado la frivolidad, NASCAR se trata de velocidad, al igual que nosotros.

En nuestra cultura...

- tenemos preferencia por la velocidad;
- la gente que se mueve rápidamente es la *gente ocupada,* y a la gente ocupada se le considera con prestigio;
- la gente ocupada puede comportarse con una sensación de valor y logro.

El ajetreo es la nueva normalidad; no obstante, el clamor que escucho de muchas parejas es: «¡No deseamos vivir así! Nos vamos a la cama fatigados; despertamos estresados. Se siente como si pudiéramos pasar días sin una conexión significativa».

¿Puede relacionarse con esto en ocasiones?

La muestra del ajetreo

El efecto del ajetreo no debilita su matrimonio *al instante*. De hecho, como ya lo dije, generalmente los debilita primero a ustedes, luego traen ese debilitado estado del ser —que está ocupado— a su matrimonio.

El ajetreo afecta todas las áreas de su vida. Ustedes pueden estar tan ocupados que se estresan por la fila en que deben formarse en la tienda de suministros. No desean hacer fila, de manera que repasan algoritmos mentales para cada línea a medida que se acercan a la caja: multiplican el número de personas de la fila por los artículos de cada carrito, dividen la edad del cajero y luego multiplican por el número de niños en la fila. Entonces elijen una fila. Pero no se relajan; al contrario, mantienen un seguimiento de dónde estarían en otra fila, de haberla escogido. Si esa persona continúa esperando cuando ustedes llegan, gritan: «¡Buen intento, pero yo gano, papanatas!», y hacen un pequeño baile de anotación junto al exhibidor de la goma de mascar.

Cuando se sienten apresurados y ocupados, llevan a sus relaciones más importantes un corazón apresurado y ocupado.

¿Alguna vez han peleado de camino a la iglesia? Es muy probable que hayan peleado porque no deseaban llegar tarde.

«¡Apresurémonos a llegar a la iglesia —les grita a los asustados pasajeros— *para que podamos amar a Jesús!*».

Levanten la mano si una de las tensiones o uno de los conflictos regulares en su matrimonio se debe al tiempo. (Ahora bajen la mano, porque se ven muy tontos con la mano levantada en la cama.)

NO TODO ES DIVERSIÓN

El ajetreo también se manifiesta en maneras *menos* cómicas:

1. Su falta de profundidad personal: se vuelven superficiales.
2. Sus relaciones se mantienen en un nivel superficial.
3. Experimentan un matrimonio vacío porque no hay tiempo para darle lo que necesita para llenarse.

Dios me dio una pregunta difícil mientras estaba reflexionando acerca de este capítulo. Consideren su vida y la metáfora de la NASCAR. En su propia carrera ajetreada, ¿dónde está Jesús? ¿Está en el asiento del pasajero? ¿Es parte del equipo de asistencia, quien los anima a ir más velozmente? ¿Está en la torre, hablándoles por el audífono, dándoles instrucciones para hacer más y apresurarse? ¿Está en las gradas, observando sus carreras?

¿O podría ser que Jesús tenga sus ojos puestos en ustedes desde afuera del circuito y esté atrayéndoles lejos del estilo de vida de NASCAR que está poniendo sus matrimonios en peligro de chocar?

Creo que muchos estamos corriendo delante de Jesús en lugar de seguirlo.

Jesús proclamó con audacia: «Yo vine para que tuvieran *vida* [...] una vida más abundante» (Juan 10.10, paráfrasis del autor). Él no dijo:

- «¡Yo he venido para que estuvieran ocupados!».
- «Yo he venido a traerles estrés».
- «He venido para que estuvieran de prisa».
- «He venido para que estuvieran abrumados».
- «He venido para que estén demasiado cansados para tener sexo».

Creo que hemos creado guiones personales y maritales que sustituyen la promesa de abundancia por ajetreo.

Observemos esta promesa de abundancia de Juan 10: «El ladrón no viene sino para hurtar y matar y destruir; yo he venido para que tengan vida, y para que la tengan en abundancia» (v. 10, RVR60).

Otras traducciones dicen:

El propósito del ladrón es robar y matar y destruir; mi propósito es darles una vida plena y abundante.

El ladrón no viene más que a robar, matar y destruir; yo he venido para que tengan vida, y la tengan en abundancia. (NVI)

Yo vine para que pudieran tener una vida real y eterna, más y mejor vida de lo que soñaron. (traducción libre de la versión The Message en inglés)

El enfoque aquí es en la *plenitud*. Jesús dice: «¡Mi presencia es para tu beneficio!».

Y tenemos la hermosa promesa de Jesús en Mateo 11.28–30: «Venid a mí todos los que estáis trabajados y cargados, y yo os haré descansar. Llevad mi yugo sobre vosotros, y aprended de mí, que soy manso y humilde de corazón; y hallaréis descanso para vuestras almas; porque mi yugo es fácil, y ligera mi carga» (RVR60).

Creo que puede haber una conexión intencional entre (a) la vida abundante (de Juan 10.10); y (b) el descanso para nuestra alma (de Mateo 11.28).

Algunos están pensando: *Espera ¿«Llevad mi yugo»? Ni siquiera sé arar. ¿De qué está hablando Jesús aquí?*

«Llevad mi yugo» es un llamado a seguir a Jesús, a estar conectados con él, a ser sus discípulos. Llevar el yugo con Jesús es *unirse a él.*

El yugo era una referencia común para un marco de madera que se coloca sobre el lomo de los animales. Los unía el uno con el otro y ellos trabajaban juntos, confiaban mutuamente, compartían la carga y caminaban uno a lado del otro.

Cuando Jesús dice: «Mi yugo es fácil», probablemente esté insinuando que no está atado a un vehículo impulsado por combustible. Él está diciendo: «Vamos, conéctate conmigo, camina conmigo y ve cómo mi ritmo de vida cambia las cosas».

Estas promesas de compañerismo con Jesús y de descanso para nuestra alma deben ser atractivas para cualquier pareja que espera permanecer conectada.

Pero lamentablemente, las promesas se intersectan con nuestra vida del siglo veintiuno, y rara vez tenemos tiempo para aceptar la invitación de Jesús, a nivel personal y como pareja.

Estamos ocupados y la gente está contando con nosotros, ¿cierto? Después de todo, tenemos que permanecer conectados con nuestros cientos de «amigos» en Facebook, ver sus fotos en Instagram y leer su jugosa sabiduría en Twitter.

Algunos estamos tan exageradamente conectados con los demás que en realidad estamos menos que conectados con nuestras relaciones primordiales: (1) Jesús y (2) el cónyuge. Como resultado, debemos estar aprendiendo que el *ajetreo* es el enemigo de la vida abundante; y la *prisa* es un enemigo del descanso.

El primer paso para volver a escribir el guion como pareja es conectarse con Jesús individualmente. ¡Si sé algo es que el *amor* en una relación de unidad no puede apresurarse! Lo que deseamos, lo que anhelamos, lo que Jesús promete, no puede poseerse con un estilo de vida y un matrimonio al estilo NASCAR. El matrimonio que es mejor para usted no se vive a la velocidad de NASCAR. Ustedes no pueden amar por completo cuando siempre están de prisa.

Jesús enfatizó este momento de desaceleración cuando le dijo a Marta que su ajetreo estaba extinguiendo su oportunidad para tener abundancia (Lucas 10.38–42, RVR60). María lo estaba haciendo bien, ella sabía lo que era más importante y se sentó con Jesús. Temo que muchos de nosotros no sepamos qué es lo correcto; hemos convertido nuestra vida (y nuestro matrimonio) en una carrera, cuando Jesús nos llama a algo diferente:

- Hemos sido llamados a amar, no a correr.
- Hemos sido llamados a servir, no a acelerarnos.
- Hemos sido llamados a preocuparnos, no a apresurarnos.

El amor no corre. El amor se detiene. El amor da un paseo. El amor deambula.

No estoy sugiriendo una vida perezosa, no, ¡en absoluto! Lo que recomiendo es una vida que involucre más amor y menos velocidad. Desacelerarse es tan contradictorio como lo que alimenta nuestro apresuramiento. Cuanto más rápido vamos, más hacemos. Cuanto más hacemos, más feliz (pensamos que), estará Jesús con nosotros. Pero el Gran Mandamiento de Jesús no es «Hacer más cosas». Es amarlo a él y a los demás.

Antes de que piensen en su guion como pareja, deseo que piensen en su propio corazón. El ajetreo se vuelve un problema en el matrimonio luego que lo es del corazón.

La mayoría de las personas no desean confesar un corazón desordenado. No deseamos pensar que hay algo malo o quebrantado dentro que pueda estar aumentando nuestro ritmo y llevándonos al ajetreo.

El autor John Ortberg escribió: «Debemos eliminar implacablemente de nuestra vida todas las prisas [...] La prisa no es solo un programa desordenado. La prisa es un corazón desordenado».[1]

Nuestra naturaleza es intentar no hacerlo un problema del corazón; preferiríamos hacerlo un problema de eficiencia. De manera que intentamos arreglar nuestro ajetreo simplemente adoptando nuevos hábitos en un intento por volvernos más eficientes. Pensamos: *Si mejor puedo aprender a manejar todos mis mensajes de texto, mis correos electrónicos, Twitter, Facebook, mis blogs, los avisos de actualizaciones de páginas web y las notificaciones de LinkedIn* [todavía no sé qué es eso], *puedo volverme más eficiente... y ahorrarme un poco de tiempo.*

Amigos, por favor lean con cuidado la siguiente afirmación: la eficiencia *no* es la respuesta al ajetreo.

En realidad, probablemente me vuelva menos eficiente en mi vida si deseo volverme más amoroso, porque el verdadero amor está dispuesto a perder el tiempo.

La eficiencia y la administración del tiempo son solo los problemas superficiales. Si permanecemos ahí, es como colocarle una curita a una hemorragia. Debemos ir más profundo, por lo que tengo tres sugerencias que deseo que consideren como pareja, las cuales los llevarán a lo más profundo. Son ideas simples y prácticas con las que cualquier matrimonio puede beneficiarse.

1. Hagan una pausa y descubran lo que hay detrás de su sí.

Esa pequeña palabra (*sí*) es lo que nos hace estar tan ocupados.

Ustedes tienen que ahondar más y romper la superficie del «Ah, solo estamos ocupados», ¡o siempre estarán ocupados! A esto me refiero con ahondar más: cuando Cathy y yo hacemos una pausa para determinar el porqué de nuestro ajetreo, descubrimos los verdaderos problemas:

- Batallo con la inseguridad. Las personas inseguras desean ser amadas. Dicen sí con facilidad, porque desean complacer a los demás. Es un gran motivador detrás de todos mis sí. Yo soy un clásico (ahora en recuperación) complaciente.
- Debido a mis inseguridades, me gusta ser la salvación. Deseo ser el héroe y los aspirantes a héroes dicen sí.
- Detesto desilusionar a los demás, lo cual normalmente alimenta mi sí.
- Debido a mi quebranto (mis problemas) mi primera respuesta generalmente es sí.

Eso es lo profundo. Y es lo *mío*. (Cathy no tiene tantos asuntos que la alimenten; la mayor parte de *nuestro* ajetreo nos lleva directamente a mí.) Como un hombre de mi edad (cincuenta y tantos) y madurez (veintitantos), me avergüenza decir esto en público, especialmente a quienes no conozco en realidad. Ni siquiera me gusta admitírselo a Cathy. Pero al reconocerlo, especialmente a mi esposa, eso lleva los problemas de la oscuridad a la luz, donde Cathy también puede verlos claramente. Cuando estos problemas están a la luz, nosotros vemos las luchas y podemos colocarlas junto con lo que ambos valoramos como pareja. Entonces, cuando nuestros valores y luchas claramente están unos al lado de los otros, eso nos ayuda a que la toma de decisiones sea mucho más fácil. Podemos tomar decisiones que son coherentes con nuestros valores de forma más clara.

El resultado: podemos decir con más facilidad no a las cosas que nos ocupan tanto.

La presión de estar tan abrumados, ocupados, apresurados y apurados siempre apunta a demasiados sí innecesarios (setenta y cinco por ciento míos y veinticinco por ciento de Cathy; de acuerdo, ¿a quién estoy engañando? Noventa por ciento míos y diez por ciento de Cathy).

Nuestro sí innecesario nos lleva al estilo de vida NASCAR.

Aquí hay una simple pero poderosa pregunta que todas las parejas deberían hacerse el hábito de preguntarse mutuamente: ¿en realidad por qué estamos diciendo sí tanto? De acuerdo, yo expuse mis problemas, ahora es tiempo de que ustedes ahonden más. (Comiencen a hablar.)

Ustedes pueden decir que tienen razones honorables para estar ocupados: ¡es por los niños! «Nuestros hijos juegan tres deportes, van con un mentor dos veces a la semana, a la iglesia. Deseamos hacer lo mejor para ellos».

¡Grandioso! Eso es honorable; pero, ¿qué si lo que piensa que es lo mejor para sus hijos no es lo mejor para su matrimonio? Lo que es mejor para sus hijos es una mamá y un papá que tengan un margen para volver a escribir el guion, con el fin de poder perseguir un matrimonio grandioso. Lo mejor para sus hijos es que sus padres tengan un matrimonio grandioso. Yo creo que la mejor manera de mostrarles en verdad a sus hijos cuánto los ama no es darles todo, sino darles la confianza de que su mamá y su papá se aman profundamente y tienen un matrimonio sólido.

No me malinterprete: es admirable que usted desee que sus hijos sean sanos y activos. Pero lo que ellos necesitan más es la seguridad del matrimonio de sus padres, sano, creciente y que vuelve a escribir el guion.

2. Dejen de hacer algo cada día, cada semana y cada mes.

Deseo darles permiso para decir no. Sus «sí» están lastimando su matrimonio. Deje de hacer algo, lo que sea. Practique decir no, usted puede hacerlo, tiene libre albedrío. Diga no. Sálgase de ello. Quítelo del calendario. No se sienta presionado a decir sí. Manifieste su ajetreo silenciosamente al decir no. Si lo necesita, écheme la culpa. Dígale a la persona que está leyendo este asombroso libro, escrito por este increíble y esbelto autor, que es sabio, sensible, amable, humilde, y le está desafiando a decir no a algo cada día. Luego respire profundamente, sonría y diga con confianza: «No puedo. No». Pronto, los demás verán su vida y desearán pedirle prestado el libro. Por favor, dígales que no para que tengan que comprar sus propias copias del libro (otra vez, écheme la culpa).

¿Por qué están diciendo que no? Porque cada sí es una invitación al ajetreo.

Ustedes pueden decir no. Yo sé que pueden. A la cuenta de tres digan no. Una. Dos. Tres. [Usted: «_____»]. Ahora con convicción: [Usted: «_____»]. Ahora en inglés (suena mejor) [Usted: _____»]. Por favor, dense permiso para decir no, para que puedan decirse sí el uno al otro, y a lo que es realmente lo más importante en su vida. Díganlo con frecuencia.

Por favor, observen: no estoy hablando de decir no a los no *fáciles*.

1. «¿Deseas probar la ensalada de tres clases de frijoles que hace mi suegra?». No.
2. «¿Quieres salir el miércoles en la noche para escuchar a mi sobrina tocar el acordeón?». No.
3. «¿Deseas invitar a los Smith para ver a *Honey Boo*?». No.

Los no fáciles no impactarán su batalla con el ajetreo.

Nuestra verdadera lucha es decidir entre las opciones que son muy buenas y las grandiosas. La lucha es que hay tantas buenas opciones que requieren de su tiempo, que decidir qué es lo mejor produce dificultad. Sería grandioso que las decisiones fueran tan simples como: «¿Debería acariciar a este cachorro o ir a hacerme una colonoscopia?». La vida no es tan fácil y clara.

Debemos aprender a decir no a algunas oportunidades muy buenas si diremos sí a *lo que más importa*.

Puedo sentir que retrocedieron: «Pero Doug, no comprendes. ¡Estamos muy ocupados! ¡Tenemos tanto que hacer que no podemos detenernos!».

De acuerdo, tocón, posiblemente se suponga que no deba hacer todo lo que cree que debe. ¿Podría ser que Dios le diera el tiempo suficiente para hacer lo que se supone que debe hacer, y parte de ese tiempo incluye amarlo a él y a sus seres más cercanos?

El ser humano más amoroso que ha caminado en el planeta no le dijo sí a todos. Jesús no sanó a todos los enfermos y a veces tuvo que dejar detrás a las multitudes. ¿Y ustedes creen que Jesús no tenía mucho que hacer? Intenten ser el Salvador del mundo. ¡Ah, esperen! Eso es parte del problema, ¿no? Algunos de nosotros estamos intentando ser un salvador y es por lo que estamos tan ocupados. Estamos intentando ser alguien que no somos.

Mi mentor dice a menudo: «Doug, hay un solo Salvador en el mundo y no eres tú».

3. Comiencen a reescribir los guiones.

Ustedes no tienen por qué continuar actuando un guion matrimonial que no está funcionando. ¡Reescríbanlo! Ustedes son los únicos que están evitando que su guion cambie. Nadie lo reescribirá por ustedes. Permítanme ser práctico y real en este punto.

A. Comiencen una reescritura individual. ¿Qué necesita cambiar cada uno dentro de su corazón?

Amigos, para algunos de ustedes, el guion no está funcionando. Todo el mundo puede ver que necesita ser reescrito, porque todos pueden ver...

- la irritación,
- el comportamiento pasivo/agresivo,

- la explosión de mal genio y otras expresiones de ira,
- un comportamiento controlador y
- el egoísmo.

Juguemos a «¿Qué sí?»:

> *¿Qué si* usted aceptara la oferta de Jesús acerca de (1) la vida abundante y (2) llevar su carga?
>
> *¿Qué si* usted caminara con Jesús y aprendiera a vivir bajo su guion?

Esto es lo que creo que sucedería: la vida se trataría menos acerca del ritmo, la persecución y la carrera, y más acerca de experimentar la gracia compasiva de Dios. Háganlo y descubrirán un nuevo ritmo lleno de amor.

Menos NASCAR, más Jesús.

Trabajen menos en ser religiosos y caminen más con Jesús.

Un amigo mío tuvo un brillante retrato que yo he intentado incorporar. ¿Qué si miráramos nuestras acciones en el matrimonio —cada pensamiento, cada palabra y la comunicación no verbal— y las lleváramos a cabo como si Jesús estuviera sentado con nosotros en el sillón? Es otra analogía que cambia el juego si lo piensa profundamente.

Si fuéramos sinceros y en verdad estuviéramos conscientes de la presencia de Jesús en nuestra vida, viviríamos completamente diferente. Ejerceríamos la paternidad de manera distinta. Le hablaríamos a nuestro cónyuge de manera diferente. Incluso miraríamos televisión de forma distinta.

¿Puede imaginarse entrar en el cuarto de televisión y gritarle a su cónyuge y a Jesús que está sentado al lado? «Ah, hola, Jesús. Solo entré para fastidiar a mi esposo con poner la ropa sucia en el cesto. Ah, pero, pero... bueno, compré varios cestos para que le sea fácil, y ni siquiera puede echar su ropa sucia en una de las varias opciones que he puesto a su disposición».

¿Creen que se hablaría de manera diferente si Jesús estuviera ahí? Bueno, adivinen qué. ¡Él está ahí! Él está presente. Jesús no es una deidad distante que necesiten evocar con una oración para que venga corriendo hacia ustedes. Él está ahí. Está con ustedes. Está escuchando.

Para comenzar a comprender en verdad cómo es que este concepto teológico puede cambiar su matrimonio, primero deben considerar su propio guion. ¿Qué necesita un cambio en ustedes? Yo sé que su primera tendencia puede ser desear reescribir el guion de su cónyuge.

Siempre deseamos que se trate de nuestro cónyuge. «Bueno, él no». «Ella no lo hará».

Deje de culpar, por favor. Usted está lastimando a su corazón.

¿Qué pasaría si la vida no se tratara de que usted intente cambiar a su cónyuge, sino de cambiarse a sí mismo? Su matrimonio sería muy distinto.

B. Reescríbanlo como pareja... todos los días.

¿Qué si yo sugiriera que le dieran a su cónyuge uno por ciento de su día? ¿Esa cantidad parece ridículamente baja? ¿En verdad, solo uno por ciento? ¿Qué piensan? ¿Su matrimonio vale uno por ciento de su tiempo? ¡Desde luego que sí!

1440 minutos al día
x 1%
14,4 minutos al día

Reescribamos el guion, en el que ambos pasen quince minutos de su día juntos, todos los días, cara a cara, conectándose. Para algunas parejas este tipo de reescritura requerirá cambios y sacrificio para encontrar esos quince minutos.

Requerirá que ambos apaguen el televisor y la computadora. Posiblemente tenga que quitarse ese tonto *bluetooth* de la oreja para estar completamente presente.

No les estoy pidiendo que resuelvan todos los problemas de su matrimonio, solo tienen quince minutos. Solo les estoy pidiendo que *no* sean un esposo de pasada y una esposa de mensaje de texto. Un compromiso de llevar esto a cabo todos los días comenzará a llevarlos a alguna parte.

Revisemos:

a. Comiencen con una reescritura individual.
b. Reescriban en pareja... diariamente.

C. *Reescriban su guion futuro... semanalmente.*

Estoy sugiriendo que aparten tiempo una vez a la semana, un buen montón de tiempo, los dos solos.

Parte del tiempo pueden hablar acerca de lo esencial: el calendario, las finanzas, los niños, lo que sea. *Pero,* ustedes también hablarán acerca de su guion matrimonial, de cosas específicas en cuanto a cómo se relacionan mutuamente, de qué necesitará de un mayor esfuerzo intencional, así como de tomarse el tiempo para actualizarse respecto de cómo le está yendo a ese «único corazón».

Cada vez que se reúnan, háganse esta pregunta: «¿Qué cosas de nuestro guion sabemos que necesitan ser reescritas ahora?».

Creo que hay poder al hacer esto una vez a la semana.

Si apartan este uno por ciento de su semana (que son menos de dos horas), podrían cambiar fácilmente la dirección de su matrimonio.

Para algunos de ustedes, si intentaran responder la pregunta (¿qué necesita ser reescrito ahora?), podría volverse abrumador. La lista de lo que se necesita reescribir del guion es demasiado larga.

Esto es lo grandioso de hacerlo una vez a la semana. Lo que pudo haber sido una discusión acalorada el miércoles —porque ella hizo algo que me fastidió—, ahora se vuelve parte de una discusión profunda el lunes, sin el octano volátil que pudo haber tenido si lo hubiéramos discutido justo cuando sucedió. Obviamente, si es un asunto importante, discútanlo en seguida. Pero si cae dentro de la categoría de «cosas que me fastidian», guárdelo. ¿Quién desea vivir en una casa cuando siempre están enfadados? Nadie.

EMPIECEN a reescribir el guion:

a. Comiencen a reescribirlo individualmente.
b. Reescríbanlo como pareja… diariamente.
c. Reescriban su guion futuro… semanalmente.

Amarse mutuamente en verdad requiere de tiempo. El amor toma tiempo, y el tiempo es una cosa de la cual la gente ocupada necesita más.

- La prisa corre, pero el amor camina.
- El ajetreo echa un vistazo, pero el amor observa.
- La prisa reduce a las personas a una tarea, pero el amor realza el valor de la gente.

Su matrimonio podría ser drásticamente diferente si viera al ajetreo a la cara y le dijera: «¡No más! No vamos a permitir que este guion de ajetreo nos defina».

Todo en la vida sería diferente si pudiéramos escuchar a Jesús decir:

Menos carrera… más amor.

Yo soy manso y humilde… le daré descanso a tu alma.

¡Tengo mucho más para ti!

¡Tengo mucho más para tu matrimonio!

¡Detente… reescribamos las cosas… juntos!

Un pensamiento final para las parejas: por favor, léanlo

En el capítulo 1, le hablamos a su hombre acerca de perseguir al viento, de estar tan ocupado con la vida que no tiene tiempo de perseguirla a usted. Fue un buen punto de comienzo antes de adentrarnos, antes de ayudarlo a convertirse en su héroe.

Pero, ¿qué si usted es quien va a toda velocidad? Los hombres no son los únicos que pueden distraerse con el ajetreo y la persecución de cosas.

Perseguir cosas mata matrimonios en todo el mundo. Roba tiempo y experiencias compartidas, pero especialmente la oportunidad de convertirse verdaderamente en el mejor amigo de su cónyuge.

Pocos matrimonios, a menos que comiencen a edad avanzada, empiezan con un esposo *y* una esposa que salen por la puerta todos los días para conquistar al mundo. La mayoría se cuelan a mejores trabajos, más dinero, más cuentas, vacaciones y coches más grandes y luego están atrapados. Se acostumbran a su estilo de vida, a sus empleos, sus rutinas y simplemente no pueden salir de esa red.

¿Qué hace, específicamente si usted, la esposa, es quien está atrapada?

Aunque algunas mujeres son purasangre naturales, que van de prisa de acá para allá, la mayoría no lo son. Si usted tiene propensión a hacer algo, lograrlo y llevar a cabo las cosas mejor que la mayoría, probablemente no desee ser reprimida. Puesto que nació para correr, necesita hacerlo.

Pero incluso los purasangre necesitan que les jalen las riendas de vez en cuando, o se agotarán. Y un purasangre natural es muy diferente de uno que corre por una recompensa temporal. Solamente usted y su esposo conocen la diferencia.

Esto es lo que muchas parejas no hacen con bastante frecuencia: cada seis meses tienen una cumbre llamada «¿Estamos caminando por el estilo de vida equivocado?». Pueden atarearse tanto año tras año, solo yendo por el camino que piensan que deben ir, que nunca se detienen, se miran a los ojos ni hablan si eso es lo correcto.

Veamos algunas preguntas que deben plantearse durante esa cumbre:

- ¿Te encanta tu empleo o solo te gusta?
- ¿Sientes la sonrisa de Dios mientras lo realizas?
- ¿Nos hemos endeudado demasiado comparado con nuestro ingreso?
- ¿Qué objetivos materiales tenemos que deberíamos poner en espera hasta que podamos costearlos?
- ¿Nos estamos preparando bien para los hijos y la necesidad de darles la crianza y la atención que merecen, o nos estamos arrinconando con la deuda y el trabajo, tanto que no podremos salir de ello cuando los niños lleguen (o crezcan)?
- ¿Existe alguna manera de intentar bajar a un ingreso por un tiempo para ver si podemos vivir y ser felices con eso?
- ¿Existe algún negocio desde casa que podamos probar para poder construir un estilo de vida familiar conectado mientras podemos costear nuestras cuentas razonables (énfasis en *razonables*)?
- ¿Qué le están produciendo los dos empleos a nuestro tiempo juntos y a nuestra sensación de estar verdaderamente conectados como un solo corazón?
- ¿Cuáles son las tres frustraciones que cada uno de nosotros está teniendo al intentar manejar los dos ingresos? ¿Acaso valen el dinero extra?

- ¿Con qué personas podremos hablar acerca de nuestra situación para obtener su consejo divino respecto de cómo estamos progresando en nuestra vida, nuestros empleos y nuestro matrimonio?
- ¿Hay alguna pareja que podamos encontrar que nos pueda aconsejar mientras manejamos todos estos asuntos que podrían afectar nuestro matrimonio en tres, cinco y diez años?

Luego de haber sostenido este tipo de conversación mutua, háganse algunas preguntas más profundas:

- ¿Qué funciona conmigo como ninguna otra cosa?
- ¿Estoy trabajando duro y tendido porque estoy intentando impresionar o hacer que alguien me ame más?
- ¿Cuáles son nuestras prioridades compartidas acerca de cómo deberíamos invertir nuestro tiempo juntos y con los demás?
- ¿Es el trabajo una forma de proceder para pagar los gastos básicos o es una forma de proceder para comprar juguetes y lujos a los que nos gustaría acostumbrarnos?
- Si Dios mirara nuestro plan del día, ¿qué pensaría acerca de cómo hemos elegido invertir nuestro tiempo? ¿De cómo gastamos nuestro dinero?
- ¿Hemos creado un estilo de vida tan ocupado en el trabajo que no tenemos tiempo para los parientes, los amigos y para servir en la iglesia?
- ¿Cuánto tiempo nos tomaría restructurar nuestro empleo y nuestras elecciones de estilo de vida para que

tuviéramos más tiempo para las prioridades en las que acordamos que es importante que trabajemos?

La clave que probablemente descubrirán en la mayoría de las respuestas es que a uno de ustedes le importarán mucho algunas de las respuestas a estas preguntas, mientras el otro se justificará o estará más a la defensiva. Esa es una señal de que ustedes deben reconocer que algo en verdad no anda bien. Si una persona piensa que la otra está trabajando demasiado en detrimento de un valor o prioridad compartidos, entonces eso debe ser suficiente para comenzar a moverse para cambiar el estilo de vida.

La intuición y el instinto, ese presentimiento que uno tiene acerca de a dónde se dirigen las cosas, no puede ignorarse.

Nunca.

Y si una mitad del corazón casado dice que la otra está persiguiendo la vida, el trabajo y el dinero a un ritmo que tiene el potencial de ejercer un efecto negativo a largo plazo en el matrimonio, entonces *deben* lidiar con ello pronto. Si uno piensa que las prioridades van por el camino equivocado, generalmente es cierto. No esperen diez años a que los síntomas de esas decisiones provoquen otros que enviarán el matrimonio en espiral hacia el divorcio.

Hombres, este es su trabajo, asegúrense de que no suceda, incluso si eso significa confiar en los instintos de su esposa, y cambien ese trabajo de seis cifras que les hace viajar por uno que pague menos pero que les tenga más en casa.

Yo lo he visto un millón de veces. Posiblemente dos millones. A Satanás realmente le encanta cuando puede poner a una pareja en un feliz caminito hacia la adquisición de cosas, echar unos cuantos niños a la mezcla y hacer que la pareja no priorice el matrimonio, al punto de la disolución. Luego, mira mientras los niños ven a sus padres pelear y divorciarse, haciendo de esa forma que las oportunidades de tener una fe fuerte sean algo con pequeños porcentajes agregados. Y luego los hijos tienen poca o nada de fe, porque el «matrimonio cristiano» de sus padres no funcionó, y adivine en dónde coloca a sus nietos. Ahora su vida futura y su legado apuntan hacia el infierno, literalmente.

¿Estará feliz *entonces* por haber hecho una pila de plata y haber tenido una casa costosa?

Satanás es paciente. Él no tiene que apresurarse para destruir su vida y su matrimonio. De hecho, esperar a que los niños puedan ver que todo explota y después culpen a Dios de lo que suceda, le da la ventaja a largo plazo.

Esta realidad es tan clara como el agua. Pero todavía más claro es lo que Dios puede hacer con un matrimonio si tanto el esposo como la esposa están «completamente involucrados». Si ambos se dan cuenta de que el matrimonio no se trata de cincuenta por ciento y cincuenta por ciento, sino de cien por ciento y cien por ciento, entonces los hijos verán cómo se supone que debe ser el verdadero matrimonio. Es algo glorioso.

Epílogo

El contenido de este libro fue concebido como una serie de conferencias que he dictado ante los hombres del grupo de la Iglesia Saddleback. Dado que fui parte del personal pastoral de Saddleback como maestro y pastor de jóvenes durante dieciocho años, entablé buenas relaciones con muchos de esos hombres. Eso me dio una grandiosa oportunidad de interactuar con los chicos con respecto al contenido que presenté en la serie.

Permítame revisar brevemente con usted el contenido:

Su esposa y su matrimonio valen su mejor esfuerzo; persígala.

¿Por qué? Porque el matrimonio es el diseño de Dios, y que experimente la unidad con su esposa, en el matrimonio, es el objetivo de Dios.

SIETE ACCIONES PARA UN ESPOSO EXITOSO:

Acción 1: No diga todo lo que piensa.

Acción 2: Diga lo que es poderoso.

Acción 3: ¡No diga nada! (O conviértase en un oyente de clase mundial).

Acción 4: Hágalo en grande con cosas pequeñas.

Acción 5: Sea liberal con el toque... ¡pero no de *esa* manera!

Acción 6: Deje a un lado su orgullo.

Acción 7: Cuide el corazón de su esposa.

En las semanas y meses que siguieron a mi serie de charlas, la idea principal que escuché entre los hombres que participaron es que: «Fue un consejo muy práctico y útil. Sentí como si fuera la primera vez que escuchaba algo sobre el matrimonio y pensaba: *¡Puedo hacerlo!* Pero sinceramente, fue un tanto como intentar tomar un sorbo de agua de una manguera».

Ellos tienen toda la razón. No muchos hombres tienen el margen en su vida o la energía para trabajar, a la vez, en *todas* las acciones que conducen a volverse un mejor esposo. Mirarlo desde una perspectiva de todo o nada puede resultar abrumador y llevar a una parálisis que resulte en no hacer absolutamente nada. Eso no es bueno y no producirá el cambio que su esposa y usted esperan ver. De manera que este es mi consejo: olvídese de la perspectiva de todo o nada. En cambio, comience intentando algo que dejó una impresión en usted mientras leía el libro. Como yo lo veo, hacer *algo* siempre es mejor que hacer *nada*. ¡Usted siempre puede hacer *algo*!

Escúcheme claramente: usted no tiene que abordar todas estas acciones de una sola vez. De hecho, si usted intenta hacerlo, es probable que fracase, se desanime y deje de intentar. Conque comience con poco. Dé pasos de bebé. Elija una acción y persígala de verdad. Practíquela hasta que se vuelva una segunda naturaleza, una parte de quien usted es y de lo que hace. Luego elija otra acción en la que trabajar.

Mire. Es probable que no haya llegado en un solo día al lugar donde está como esposo. Le tomó tiempo ser como es. Usted se dejó llevar. La mayoría de los esposos lo hacen. La recuperación y el cambio también tomarán tiempo. Está bien. Vea el objetivo de convertirse en un mejor esposo como un proceso. Convertirse en un mejor esposo no es una carrera de velocidad; es un maratón. No se rinda. Persevere. Con el tiempo, usted se pondrá ese traje de superhéroe. ¡Hagámoslo! ¡Al infinito y más allá!

NOTAS

Capítulo 1: Deje de perseguir al viento y persiga a su esposa

1. Max Lucado, *Dios se acercó* (Miami: Vida, 1992), pp. 118–19.

Capítulo 4: Acción 2: Diga lo que es poderoso

1. Gary Chapman, *Los cinco lenguajes del amor* (Miami: Spanish House, 2011).

Capítulo 5: Acción 3: ¡No diga nada! (O conviértase en un oyente de clase mundial)

1. Gary Smalley, *Secrets to Lasting Love: Uncovering the Keys to Life-Long Intimacy* (Nueva York: Fireside, 2000), pp. 28–31.

Capítulo 7: Acción 5: Sea liberal con el toque... ¡pero no de *esa* manera!

1. Phyllis Davis, *The Power of Touch* (Carlsbad, CA: Hay House, 1999; reimp. 2002), pp. 111–12 [*El poder del tacto* (Barcelona: Paidós, 1998)].
2. Desmond Morris, *Intimate Behavior* (Nueva York: Kodansha Globe, 1997), pp. 74–78 [*Comportamiento íntimo* (Barcelona: Plaza & Janés, 1975)].

Capítulo adicional: El *tiempo* es por lo que muchos matrimonios están luchando

1. John Ortberg, *La vida que siempre has querido* (Miami: Vida, 2004), p. 82.

Acerca del autor

D oug Fields se graduó en Southern California College (ahora Vanguard University) en 1984 y recibió su maestría en Divinidad del Fuller Theological Seminary, en 1986. Ha fungido como pastor de jóvenes y de enseñanza durante más de treinta años en Mariners' Church y Saddleback Church, en California del Sur. Actualmente es director ejecutivo de HomeWord Center for Youth and Family en Azusa Pacific University y socio de Downloadyouthministry.com.

Además, Doug es un laureado autor de más de cincuenta libros y dicta conferencias en iglesias y en congresos alrededor del mundo. Doug ha estado casado con su asombrosa esposa, Cathy, durante treinta años, y ambos tienen tres hijos adultos: Torie, Cody y Cassie.

Para más información acerca de Doug, sus recursos y su disponibilidad para conferencias visite www.dougfields.com.